論語に学ぶ

安岡正篤

PHP文庫

○本表紙図柄＝ロゼッタ・ストーン（大英博物館蔵）
○本表紙デザイン＋紋章＝上田晃郷

『論語に学ぶ』によせて

ＰＨＰ文庫による安岡教学「活学」特集は、第一集『活学としての東洋思想』、第二集『人生と陽明学』を経て、いよいよ東洋教学の佳境に入りました。この特集では、戦後激動の中で新しいアイデンティティーを求めるアジア諸国において、イデオロギーを超えて普遍的な精神の指導原理として見直されつつある儒学、とくに安岡正篤先生によって新しい生命を得た「新儒学」ともいうべき儒学の本質を、『論語』『中庸』を通して明らかにしています。

安岡正篤先生と儒教

現在日本の解決すべき大きな課題に、民生の安定と規範意識の回復があります。憲法や教育基本法の大きな柱の一つとされている基本的人権は、昭和四十年代の半ばあたりから国民の連帯や規範意識から切り離され、滅公奉私の旗印になりました。この旗印のもと、多くの日本人を大衆化へと駆り立てたのは、戦後民主主義者といわれる学者や教育者たちでした。その一人鶴見俊輔氏はかって朝日新聞紙上で、

「国家って何」「君が代なんか歌わないよ」という無関心層と呼ばれる若者がいる。戦争体験は無い。戦争になっても行かないだろうし、行っても戦わないか死なないところへ行くでしょう。戦前は言われるままに突っ込んでいったが、今の無関心層は案外自分をもっている。

と、民族の誇りや帰属意識を無くした若者達を、手放しで賛美しています。

主権在民や基本的人権というアメリカで育てられた大木は、その根を切り落とされて日本に移植され、今や立ち枯れ寸前です。主権在民は衆愚政治の下地となり、基本的人権は個人を国家・社会・家族の連帯から切り離し、多数の無責任な大衆を作り上げていきました。大衆化した多くの日本人は、スペインの世界的哲学者・オルテガの指摘する通り、「モラルを失い、何物かに対する服従感と献身と義務の自覚」を放棄し始めました。大衆化を進めた戦後民主主義者たちが犯した最大の誤り

は、民族の歴史的生命とも言うべき伝統と規範を否定し、それを教え育《はぐく》んできた家族の崩壊を意図的に推し進めたことです。

個人を家庭や社会、政治の営みと結び付けて、一貫した人格形成を説く儒教の経書に、『大学』『論語』『中庸』『孟子』の四書があります。いずれも「修己《しゅうこ》治人《ちじん》の書」といわれ、我が国で独自の発展を遂げました。その主題は身を修めた一人の発する光が、やがて家族を照らし国を照らすに到るという、人格の自己表現・自己発展のすすめです。

先生はつねづね、儒教の教えは仏教などと相まって日本精神・日本文化の最も古くからの伝統となり、これを学ぶことが学問の本筋というものであると考えていました。とくに四書の根本を、日本の伝統に基づいて「一燈照隅行《いっとうしょうぐうぎょう》」という象徴的な言葉で表し、一燈照隅行を行う猶興《ゆうこう》の士が、毅然として自らの信ずる道を行くこと、これが混迷する時代を改革する最も確かな原理であると仰《おっしゃ》っていました。

儒学の歴史

儒学または儒教とは、孔子を祖とした身近な実践道徳の体系的な教説です。教説の学習や研究を大切にする立場から儒学といい、これを敬い実践する立場から儒教といいます。その教説の書を五経といいました。

五経とは、漢の武帝が紀元前百三十六年、多くの書物の中から、董仲舒《とうちゅうじょ》のすすめにより国家統治の重要な経典として選ばせた『易』『書』『詩』『春秋』『礼』の五種の経書のことです。後に北宋の司馬光は『礼記《らいき》』中の「大学」と「中庸」の各篇を士大夫の精神形成にとって必須のものとして、特別な意義を見出しました。これを程氏が受け継ぎ、南宋に入って大儒・朱子が、独立の篇とし、これに『論語』と『孟子』を併せて「四書」とし、「五経」と併せて士大夫必読の経典としました。

ではその儒とは何か。いろんな説があります。その一つ、儒とは「濡れる」の「濡」からきているので「道徳が雨のように人を包み濡らす」という説。また君主を慰める道化師を侏儒《しゅじゅ》というところから、君主のつれづれの話し相手というほどの、軽輩の官人を指すともいわれています。『論語』雍也篇には、

子、子夏に謂《い》ひて曰く、女《なんじ》、君子の儒と為《な》れ。小人の儒と為ることなかれ。

とあり、孔子の時代には一般に『礼記』や『儀礼』などを学び、喪祭の実務に携わっていた実務者を指していたとも考えられます。

中国では第一次大戦後、日本が中国における権益を獲得するために、二十一箇条の密約を強制したことから、これに反発して激しい排日運動（五四運動）が起こりました。この民族運動のなかから、中国後進性の元凶は儒教道徳にありとして、激しい孔子排斥運動が起こりました。これが一九四九年の革命や反対派を粛清する文化大革命によって、決定的となりました。

李大釗《たいしょう》などマルクス思想を受け入れた中国共産党は、当初は毛沢東指導のもとに厳しい自己規制を行ってきましたが、事成るや次第に規律は弛緩し、上から下にいたるまで、各種の犯罪をひき起こすようになりました。これに強い危機感を抱いた指導者たちは、再び儒教、とくに『論語』による規範教育の必要を痛感するようになりました。

彼らはそれまで孔子の教学遺跡（曲阜《きょくふ》の大成殿《たいせいでん》）などは、観光用の外貨獲得施設としてしか考えていなかったのですが、一九七九年にやっと孔子の古里・山東省の師範大学に孔子研究所を設置するなど、『論語』を文教政策の一つの要《かなめ》として位置づけるようになりました。

日本では応神天皇の十五年、朝鮮・百済《くだら》から王の使者として渡来した阿直岐《あちき》の薦めにより、翌年五経博士・王仁《わに》を招き皇子の侍講としました。王仁博士はその時『論語』十巻・『千字文』一巻を持参したといわれ、これが日本への儒教招来の始めとなりました。

皇室では以来、儒教の孝と仁を規範の要として、今日に至るまで帝王学の一つとして重んじてきました。国民もまた儒教を受け入れ、その倫理・規範意識を、歴史的生命として育てて来ました。

安岡正篤先生は、儒教は現代においてなお人間生活の価値を生む教学であり、その根本を、天地の生成化育を体認して、これを人間に実践するに在るとし、とくに孝について、

調和あり組織あるところに生命の存続発展があります。人はこの組織脈絡の枢《すう》機をにぎって、往を継ぎ来を開くものでなければなりません。これ孝の大切な意味であって、人はおのずから祖先を崇拝し子孫を尊重し、常に祖先を在りし日さながらに、誠を尽くして祭るものであります。

と述べています。

先生は「縁尋《えんじん》の機妙《きみよう》」という言葉を大切にしていました。関西師友協会は今年で創立四十五周年を迎えました。二月の記念式典につづいて五月に行われた役員会では、安岡教学の今日的な意義の大きさを再確認し、一燈照隅から萬燈照国に飛躍する機が至りつつあることを確認しました。その折りも折り、ＰＨＰ研究所より「活学」シリーズ出版の企画があり、一同まさに縁尋の機の妙なることを深く感ずるものです。広汎なご愛読を期待します。

平成十四年九月

関西師友協会事務局長
田中忠治

論語に学ぶ【目次】

論語読みの論語知らず

其の一――本当に読みたい人のために

（昭和四十四年十月二十七日・第十七回青年古典講座）

私の体験

「論語読みの論語知らず」という少々調子の変わった題でありますが、これは世の中に論語読みの論語知らずが多いということではないので、人間というものは自分ではわかったような心算《つもり》でも、なかなか本当の事がわからぬものである、ということが『論語』に徴《ちょう》して吾れ自ら沁々《しみじみ》感ぜられるという自分の体験をお話するわけであります。

よくこの言葉を、あいつは利口そうな事を言うけれども、なあに論語読みの論語知らずさ、という風に人を非難するようなことに使われるのですけれども、そういうことはさて措《お》いて、要は、自分がわかっておる心算でも案外わかっておらぬものだ、ということを悟ることが更に大事なのであります。

『論語』と言えば、私には一つの思い出があります。それはまだ若かったときのことですが、もう学生の頃から大変親しくして、いろいろと裨益《ひえき》を受けました先達に沼波瓊音《ぬなみけいおん》という先生がおられました。一高・帝大の講師をされて、国文学や俳句で名高かったばかりでなく、半面純真熱烈な愛国者でもあった。この人の『徒然草』の講話は今日でも名著と言うて宜しい。誠に生きた書物でありまして、『徒然草』を本当に自分のものにして語っておられる。

その瓊音先生、晩年のことであります。病気をされて、大分容態が悪いということを奥さんから聞きまして、ある日お見舞に伺った。そうして親しい間柄のことですから、ずかずかと病室迄はいって行ったのです。

ところがその時先生は何かを読んでおられたらしくて、私の来たのを知って、小さな書物らしいものをそーっと枕の下へ入れられた。私はそれを見て、〝今のは何の本ですか〟と尋ねたところ、にこにこ笑いながら出して見せたのが論語の袖珍本《しゅうちんぼん》であった。袖珍本と言ってもみなさんはご存知ないかも知れませんが、今日の文庫本と同じ様な、ふところに入るくらいの大きさで、それが珍しいというのでその名があった。

それで私が〝へえー論語をお読みですか〟と言って不思議そうな顔をしたら、先生の言うのには、〝私も長年書物を読んできたが、この年になってこうして病床に横たわってみると、沁々論語が読みたくなって、それで気が向いたところを、あちらこちら読んでおる。ところがさて読んでみると、なんだか初めて読む様な気がして、こんなことが書いてあったか、本当にその通りだ。一体自分は今まで何を考え、何を読んで来たのか。まるで自分の今までは雲を摑《つか》むようなものではないか、といった具合で実に味わいの尽きぬものがあって、この年になってやっと論語がわかるような気がしてきた。それに文章も、論語の文章は至れるものであると思う〟、とこういうお話であった。

何故か不思議に、この時の先生のお話が私の耳の底に留まって、論語を取り出す際に時々思い出すわけであります。いかにもその時はその時なりに感じたからでありましょう。

しかし今になって考えてみると、その時は、私は確か三十そこそこであったと思うのですが、自分では一角《ひとかど》論語を読んでおる心算でおったけれども、本当はよくわかっておらなかったのでありまして、丁度瓊音先生の年頃にいつか自分もなって、先生と同様少しわかるようになった。殊に私など論語はもう子供の頃から読んで、殆《ほとん》ど空で覚えておるくらい読み抜いてきたつもりでおるのですが、果してどれだけ読めておったかと思うと、誠に恥ずかしいことで一向読めておらない。正《まさ》に論語読みの論語知らずである、ということをしみじみ感ずるのであります。

まあ、そういう意味で、「論語読みの論語知らず」と題したわけでありますが、然《しか》しこれは論語に限らない、凡《およ》そ学問・求道というようなものはみなそうでありま
す。その真義は限り無く深いものである。特に論語に於てその感慨をしばしば懐《いだ》かせられるのでありまして、そこにまた尊い意義があるのです。

『論語』——論語・輪語・円珠経

さて、論語は、これは世人が餘《あま》り知らないかと思いますが、別名を綸語《りんご》と言い、また輪語、あるいは円珠経とも言うております。

何故綸語と言い、輪語・円珠経と言うのかと申しますと、これがまた大変深い意味があり、味わいがある。

昔から論語の参考書と言えば、先《ま》ず第一に挙げられるのが六朝《りくちよう》時代の大学者、皇侃《おうがん》の「論語義疏《ぎそ》」でありますが、それによると、漢代に鄭玄《じようげん》という学者がおって、論語を以て世務を経綸《けいりん》することができる書物だと言ったところから、綸語という語が出てきたとし、またその説くところは、円転極まりなきこと車輪の如しというので、輪語と言うのだと註釈しております。

更に円珠経については鏡を引用して、鏡はいくら大きくても一面しか照らさない

が、珠《しゅ》（たま）は一寸四方の小さいものでも、上下四方を照らす。諸家の学説は鏡の如きもので、一面を照らすが四方を照らすことはできない。そこへゆくと論語は正に円《まどか》なる珠と同じで、上下四方、円通極まりなきものである、というところから円珠経と言うのだと述べております。日本でも古来いろいろの種類の論語が諸博士の手によって出版され、中でも正平版《しょうへい》（後村上帝の代）が一番古いとされておるのでありますが、もうその頃から円珠経という語が専ら用いられております。確かに論語は円珠の名の通りの本でありまして、少しわかるようになると、しみじみこのことが感じられる。

これはもうみなさんも嫌になる程経験したことでありますが、戦後はイデオロギー時代と言われるくらいイデオロギーが流行して、イデオロギーでなければ世の中が治まらぬように言われてきました。しかし今や、それは大きな誤りである、ということが世界の識者によって指摘されるようになってきておる。理論・理窟というようなものは、何か為にするところがあればいくらでも立てることができるからである。

昔から「口は調法」と言うが、本当にその通りであります。また「かれも一理、これも一理」とか、「泥棒にも三分の理」とかいうような諺もある。要するに理論は平行線であって、どこまで行ってもそれだけではかたづかない。純粋な科学技術の研究理論でさえなかなか一致し難いのですから、況《いわ》んや人間、あるいは人間生活に関する思想・評論という様なものになると、正にかれも一理、これも一理で、なかなか決着するものではない。

そのもっとも典型的なものはソ連と中共の理論闘争であります。どちらも等しくマルクス・レーニン主義によって革命をやった代表国でありながら、そのマルクス・レーニン主義をめぐって徹底的に闘争しておる。両国の取り交わした調書や記録をご覧になるとよくわかりますが、もうそれこそ何万言を費やして、お互い自分の方の正統であることを主張すると共に、相手を激烈に罵倒しておる。これではどこまで行っても平行線をたどるばかりで、決着することがない。胸に一物があると、理論・理窟というものはそういう風に、いくらでもくっつけることができるものであります。

師友会の古い同人に吉村岳城という琵琶の名人がおりました。鋭い風刺家で、批評家にしても珍しい人だとみんなで噂したものですが、この人がよく〝私は日本の漬物は何によらず好きだが、たった一つ嫌いな漬物は理論漬けというやつだ〟と言って皆を笑わせておった。

理論漬けというものは誰にでも、どうにでもつけられる。それだけにこんな虫の好い、聞き辛いものはない。どこ迄行っても平行するばかりで、落ち着くところがない。これはマルクス・レーニン主義ばかりではなく、あらゆる理論漬けというものは本質的にそういうものなのです。

そこで近頃は今までのイデオロギーでは駄目だ、という事が世界の識者の定論になってきておるわけであります。ところが日本はどうか。まだまだそこまで行っておりません。何事によらず日本はそうでありまして、世界の流行を観察すると、残念ながら日本は今まで通りの島国で、大層先走るように見えて、本当は後れておる。

その共産主義イデオロギーは駄目だという定論ができるのに、もっとも貢献しておる三つの著作がある。

第一はユーゴスラビアの元副大統領で、チトーの有力な女房役であったミロバン・ジラスの『新しい階級』という本であります。ジラスはご承知のように、ソ連の下風に立つことを潔しとせずして、敢然と一敵国を形成して、遂にユーゴ独自の共産主義政権を樹立するに至った一番の功労者であるが、その彼が思想的に、人生観的に、共産主義というものに疑問を持つ様になり、とうとうこれに絶望して、牢獄へ捕らえられる破目に陥った。本書はその獄中で書き上げて、人知れず外に持出して出版したものであります。日本でも翻訳されておりますが、実によく共産主義革命の実体を、またその代表的なソ連の政権というものを徹底して解剖し、これを批判しております。

第二に有名な本は、これも日本語の翻訳が出ておりますが、『西洋の自決―自由主義の終焉』という本であります。これはアメリカのジェームス・バーナムという人が書いたもので、この人は近代アメリカの大学でこれ以上の秀才はない、と言われたくらい優秀な成績で大学を出た人です。

彼も学生時代から型の如くマルクス主義に傾倒したのであるが、次第に疑惑を生じ、あきたらなくなって、マルクス主義でない共産主義はないものか、ということに全精力を傾けた。そうして当時メキシコに亡命しておったトロツキーなどともしばしば激論を交わしたりして考えたが、結局、一切の共産主義というものに絶望し、これを否定するに至った。のみならず近代の主義・イデオロギーという様なもので、人生や国家・民族の問題がかたづくものではない、ということを深く悟って、この本を著《あらわ》したのであります。

第三番目は、これは極《ご》く最近出たもので、まだ通読するところまではいっておりませんが、アメリカのダニエル・ベルという教授の書いた、『イデオロギーの終焉』という本であります。これは確かに良い本で、凡そイズムとか、イデオロギーというようなものはそれだけでは駄目だ、ということを結論しております。

この三冊が入手し易い代表的なものだと思うのでありますが、しかし、そういうことは何も珍しいことではないので、昔から古典の中に簡単明瞭に指摘されておるし、民間の俗説にも、先程申しましたように、「泥棒にも三分の理」とか、「かれも一理、これも一理」、とちゃんと道破されておる。もうそれで十分でありまして、学問とか、思想とか、いうものはそれをただ知識的・論理的に整えただけに過ぎない。

そういうものは論語にもならなければ、論語、輪語にもならん。況んや円珠経などとは似ても似つかぬものである。民族・国家・人類といったものを実体として考える時には、所謂《いわゆる》知識や概念・論理の操作ではどうにもならない。そういうものは極めて浅薄で、たわいもないものである。もっと普遍的・実践的で、変化に富んだ円転自在のものでなければ、到底真理ということができない。

そこで人間は、本当に人間に立ち返れば立ち返るほど、良心的になればなるほど、偏見・偏心を捨て去って、己を空しうして謙虚に学ばなければならない、ということがつくづくと悟られるのである。いささかの理論の書物などをかじって、もう得たり賢しで大言壮語するのはもっとも浅薄であり、もっとも愚劣であります。これは経験を積めば積むほど、年と共に会得するようになる。そこで先ず、論語の時という一字について、如何にわれわれは何も知らないかということを悟りたいと思う。

時の真意について

學而時㆓習之㆒。不㆓亦説㆒乎。　　（學而）

学んで之を時習す。（学んで時に之を習ふ）亦説《よろこ》ばしからずや。

昔われわれはこれを、学んで、時々思い出しては復習するというのは、なんと嬉しいことではないか、という風に時を時々、sometimes という意味に解しておった。しかし時々ではどうも意味がおかしい。そこで少しく勉強ができるようになって、いろいろ注釈を見ておると、「学んで時之《これ》を習ふ」と読む説があることを知った。人の名前に、時忠などと書いてこれただと読ませておるのがある。確かにこれは前よりも進歩した読み方である。しかしそれでもまだ物足りない。結局訳さずに、「学んで之を時習す」、と読むのが一番良いということがわかってきた。丁度、摩訶般若波羅蜜多《まかはんにゃはらみった》心経《しんぎょう》の摩訶と言うのと同じことです。

摩訶には形の上から言って大、数の上から言って多、質の上から言って勝、という風に三つの意味がある。般若心経はそのすべてに秀《すぐ》れたお経であるから、一つの意味に限定して表わすことができない。そこでそのまま摩訶という風に音訳したわけであります。この場合の「時」もそれと同じことで、時々でもいけないし、これでも物足りない。やはり時習すであります。

然し時習では意味がわからないという人は、むしろ初めの「時に之を習ふ」、という読み方を新しく深く解釈して、時を時々ではなくて、その時代、その時勢に応じてと訳せば宜しい。

今、中共では毛沢東語録学習などと言って、盛んに学習という言葉を使っておりますが、そもそも学問・学習というものは、時々これを習うのではなくて、その時代、その時勢に剴切《がいせつ》に（ぴったりと適切に）勉強してこそ学問・学習と言えるので、時代・時勢を離れて学問したのでは空理・空論になってしまう。と言うとそれでは「学んで之を時に習ふ」とか、「学んで時に之《これ》を習ふ」、という読み方をしてもよいという議論も出て参りますが、それではいささか煩わしくて、ピントの外れるところもあって、結局時習《じしゅう》と音で読むのが一番良いと思います。

『中庸』を読むと、「君子時中《じちゅう》す」という言葉がある。

この場合の時も同じ様に、時々ではなくて、その時その時という意味です。「中」とは対立相剋《そうこく》を解消して、より高い次元に持ってゆくことであって、その意味から言うと、辨証法《べんしょうほう》も、儒教も、仏教も、みな中論に外ならない。そこで時中とは、その時その時、その刹那《せつな》その刹那、有効《ゆうこう》適切、意義あるように持ってゆかねばならぬということです。

いずれにしても「学んで時に之を習ふ」ということは、勉強したことを時々思い出して復習する、というような簡単なものではないということです。そういう風に気がついてみると、論語の冒頭から、一体われわれは何を考えてきたのか、何を勉強してきたのか、と本当に時々恥ずかしくなるわけであります。

省の真意について

吾日三㆓省吾身㆒。　（學而）

吾れ日に吾が身を三省す。（吾れ日に三たび吾が身を省みる）

三を三たびと読むと、二度では足りませんか、五度やったらいけませんか、と落語にでも出てくるような話になりかねませんから、やはりここは音読してさんと読むべきです。但し問題は三ではなくて省の字にある。先哲講座でしばしば申しましたように、誰もみなこれをかえりみると読んでおるが、これだけでは五十点。今一つはぶくという意味がある。しかし、かえりみ・はぶくと読むと煩わしいから、せいと音で読む。

この省の字をつくづく味わってみると、かえりみてはぶくことの一番根元的なものは自己であるから、人間の存在そのもの、その生活、また従って政治にしろ、道徳にしろ、人間に関する一切はこの一省字に尽きると申して宜しい。

いつかもお話しました様に植木の栽培でもそうです。凡そ草木を育てるということも大体一省字に帰することができる。これを植木の専門家はその道の五原則と言うておる。

先ず第一は懐《ふところ》の蒸《む》れであります。懐に枝葉が茂ると、日ざし・風通しが悪くなる。そこから虫喰いが始まって、やがて梢の成長がとまる。これを梢《うら》どまりと言う。そうなると根上がり、裾上がりが始まって、遂にはてっぺんから枯れてくる。

　そこで先ず大事なことは、枝葉が茂らない様に省することである。

　と言ってもこれにも道理・原理があって、無闇やたらに剪《き》ってよいというものではない。剪定《せんてい》が難しい。つまり鋏《はさみ》の入れ方が難しいわけである。剪定は着物で言うと、裁縫の裁です。論語にも「之を裁《さい》する所以《ゆえん》を知らず」と言うておるが、下手な裁縫師に鋏を入れられると、大事な反物も下手に切ってしまって、物にならない。植木もその通りで、剪定の仕方で草木を駄目にしてしまう。省するということは難しいものです。智慧《ちえ》と経験とが一致して初めて立派にできることである。

　われわれの身体でもそういう風にできておる。この身体というものは無量の細胞からできておるが、ある種の細胞は横着で、無闇《むやみ》に増長する傾向を持っておる。かと思うと一方では、萎縮する傾向を持った細胞もあって、それぞれの細胞に癖がある、性質・個性がある。そのためにホルモン機能というものがあって、増長する細胞を抑制し、萎縮する細胞を助長して、細胞のバランスをとっておる。だからホルモン機能が狂うと、バランスがとれなくなって、身体の調子が乱れてくる。つまりホルモン機能によって細胞を剪定し、省しておるわけで、従って生理も一省字に帰することができる。

これは人格、その活動である道徳も同じことが言える。われわれの精神・意欲の中には、無闇にのさばる横着なものがあるかと思うと、一方では萎縮するものがある。そこでそのわがままな欲望を抑制・助長するために理性というものがあって、良心の調和を計っておるのである。これが所謂時中というものであり、三省というものです。それによって人格が存在することができる。だから道徳も一省字に帰するわけであります。

従って省の字を考えると、知性と理性の違いがよくわかるのでありますが、この頃は科学者の中に却《かえ》ってこういう問題を深刻に考える者が多くなっております。下手な思想家や哲学者よりも、真剣な科学者の方が餘程《よほど》哲学的と言うか、真理に肉迫してきておる。

例えば、数年前に物理学でノーベル賞を貰った、ドイツの名高いマックス・ボルンという人などその代表的なものであります。彼は数年前にドイツで出版された『われわれは今日どこに立っているか』――シュヴァイツァーを始め、ヤスパース、ピカート等十五人の有名な思想家・学者の現代に対する評論・警告を集めたもの――という本の中に実に襟《えり》を正すことを言うておる。

それはまだ人間が月への宇宙飛行に成功する前のことであるが、早くも彼はそれを予言《よげん》して、人間が限られた制約に甘んじないで、常に限り無く新しい自由行動を求めてやまぬ精神の発動から、ヒマラヤとか、アルプスを征服するのと同じように、今、われわれ学者達が宇宙に挑んでおるが、これは人間性の已《や》むを得ざるによるものである。と同時に軍事力に大いなる寄与をするというところから、軍や政府の支援によって拍車をかけられて、一層発達してきた。

これは確かに驚くべき成功・発達であるが、厳密に考察すれば、人間としてなんら誇るべきことでもなければ、また究極的に人間になんらの幸福も、平和も、救いも与えるものではない。これは知性の勝利ではあるけれども、理性から言うならば、人間を破滅に導く悲劇である。人間はより以上に道徳的・精神的進歩をしなければ救われない。とこういうことを堂々と言い切っておる。正にその通りであります。

人間は理性を忘れたらどうなるか、精神や道徳を忘れたらどうなるか。それが大衆となると、更に問題は大きくなる。昨今問題の学生暴動などを見ておりますと、つくづくその大事なことがわかる筈《はず》であります。

今、日本の学者の間で最も尊敬されておる社会思想家の代表的な一人は、スペインのオルテガであろうと思うのですが、その弟子にコラールという人がある。先年日本にも来て、大層マスコミからもてはやされましたが、この人などもその著『大衆論』の中に、ボルンと同じようなことをはっきり言っております。

そこで大衆というものは放っておくと、みな勝手放題のことをやって混乱に陥るので、人間・大衆・社会・民族・国家というものは如何になければならぬか、ということを大衆に代わって、あるいは大衆を通じて、これを抑制し、指導・助長してゆくものが必要になってくる。その省の字に該当するのが政治であり、政治家であり、またそれがつくる役人・官庁である。そこで昔から官庁や役所に省の字をつけて、外務省・大蔵省などというわけであります。

ところが役人というものは兎角《とかく》省することを忘れて、折角《せっかく》のしょうに濁点をうって擾《じょう》、煩雑にしてしまう。そうなると政治が乱れる。日本の政治などは最も不省なるものの甚《はなは》だしきものであります。例えば国家政治の最高機関である国会にしても、今日の状態から言えば衆議院だけで十分であるのに、参議院という擾なるものを作ってわざわざ混乱を深く大きくしておる。ああいうものは速やかに憲法を改正して、是正しなければならない。

今、一番参議院に出たがっておるのは労働組合の幹部である。彼等にとって参議院は名誉欲・権力欲を満たす恰好の存在です。全国組織を足場にして容易に議員様になれる。だから大金を使っても皆出たがる。ところがさて出てみると、彼等は国政の上で何をやっておるか。害あって益無しと言うと、少し言葉が過ぎるけれども、先ずその程度のものであります。

そこへゆくと、この頃の自由主義者が論難攻撃してやまぬ戦前の方が、はるかに民主主義政治の原則に合うておった。衆議院が通しても、なかなか貴族院が通さない。若《も》し衆議院と馴《な》れ合って通しても、その後に枢密院というものがある。そこには憲法の番人を以て任ずる恐《こわ》い連中が頑張っておって、いろいろと文句をつける。そのためにどれほど政治が粛正されたかわかりません。今は野放しだから堕落する一方であります。

こういう風にわずか一字だけれども、省の字を追求してゆくとそれこそ無限に発展して、一切に通じてくる。今日は文明の繁栄のために煩雑・煩擾になって、丁度植木で言えば、懐が茂って枯れかかっておるようなものであります。オルテガやコラールも、この煩雑から来る弊害を如何にして根元の簡素に復帰させるか、ということが今日の文明を救う一番の本質の問題である、としきりに言っておる。そういう意味から言えば、省は文明論にもなる。

利について

放㆓於利㆒而行多㆑怨。（里仁）

利に放《よ》って行へば怨《うらみ》多し。

今日も同じこと。皆利を追って暮らしておるが、利を求めて却って利を失い、利によって誤られて、際限なく怨をつくっておる。それは利とは何ぞやということを知らぬからである、利の本は義である、ということを知らぬからである。従って本当に利を得んとすれば、如何にすることが義かという根本に立ち返らなければならない。これは千古易《か》わらぬ事実であり、法則である。そこで人間は与えられておるところの精神というものを大いに活用して、行為・行動に精を出さなければいけない。

敏について

君子欲㆘訥㆓於言㆒而敏㆗於行㆖。（里仁）

君子は言に訥《とつ》にして、行に敏ならんことを欲す。

孔子は『論語』の中にしばしば敏《びん》を説いておられるが、今日のような時代には殊に大事なものであります。今までにも幾度か触れたことですが、近頃の大脳生理学者の研究・調査によると、人体のあらゆる機能・施設の中で、一番もったいない遊休施設は大脳で、普通人は大体その脳力の十三パーセントしか使っていない。処《ところ》が脳が悪くなるのは、使い過ぎて悪くなるのではなくて、身体の他の部分が悪くなって、その影響を受けて悪くなるのである。脳そのものは使えば使うほど、また難しい問題と取り組めば取り組むほど、良くなるようにできておる。だから易《やさ》しいことにばかり使っておると、どんどん駄目になるということです。

ところがこの頃は本人の心掛けだけではどうにもならなくなった。というのは文明のいろいろの施設が餘りにも発達したために、頭を使わなくてもよいようになってきたからであります。そのために益々馬鹿が増える、ということを大脳生理学者は異口同音に警告しておる。

最近の調査によると、アメリカなどでは七パーセントしか使っていないということです。みなテレビを見たり、ラジオを聴いたりして、視覚と聴覚とで済むために、脳まで使う必要がない。日本などは恐らく五パーセントくらいだろうと言われている。そうなると殆ど馬鹿と言ってよいわけで、一億総白痴化ということは決して笑い話ではない。現にだんだん白痴化しておればこそああいう無思慮な、気分や衝動に駆られた、滅茶苦茶な暴動が増えるのです。

そこでわれわれに必要なことは、どうしても敏でなければならぬということです。敏とはフルに頭を使うことである。大脳を使えば自然に全意識を使うことになる。そうしてこの人間、および世界の現実に深くはいってゆけば、どうしてもわれわれは理想というもの、真理というもの、またその模範・典型というものに参ずるようになる。そのもっとも典型的なものは理想像というものです。

夢に周公を見る

甚矣吾衰也。久矣吾不㆔復夢見㆓周公㆒也。　（述而）

甚だし吾が衰へたるや。久し吾れ復《ま》た夢に周公を見ざるなり。

ああ自分は衰えたなあ、もう夢に周公を見なくなって随分になる、という孔子の慨歎であります。周公とは、周の国を興して、支那古代に於ける一つの理想国家を創造した周公旦の事であります。孔子は若い時からその周公を理想像として、常に夢に見ておったわけである。この慨歎は誠に意味深遠で、無限の感慨が含まっている。

人間は熱烈な理想に燃えておれば、自《おの》ずから理想像を抱く様になるものでありまして、これは実に人間らしい尊いことである。それがなくなるというのは、要するに単なる情欲とか、とりとめのない仕事に追われてしまうからで、本当に真剣な生活をし、充実した生き方をしておれば、いろいろと具体的な目標、理想像というものがある筈であります。

今日の大衆が知らず識《し》らずの間に、強くうったえられる教理であるとか、真理であるとか、或いは教主・指導者・英雄・偶像といったものに惹《ひ》かれるのもそのためである。この孔子の〝自分はもう夢に周公を見なくなった〟という慨歎の中には、孔子の現実に対する批判もあるであろう、或いは円熟もあるであろう、また或いは失望乃至《ないし》絶望も含まっているかも知れない。ともあれそれから推して、現代にもいろいろと考えさせられる言葉である。

由らしむと知らしむ

民可レ使レ由レ之。不レ可レ使レ知レ之。（泰伯）

民は之を（或いはに）由《よ》らしむべし。之を知らしむべからず。

これは誰知らぬ者のない言葉であって、実に誤用されておる。

戦後のことですが、ある会合に出たところ、相当な代議士が〝もう民は之を由らしむべし、知らしむべからず、というような封建的思想の時代は去った。今や民は大いに知らしむべし、由らしむべからず、という民主主義の時代になった〟と言って得意気に演説しておった。

私もちょっと茶目気を出して後で、〝こういうお話であったが、実にとんでもないことだ。あれは孔子の言った言葉だが、孔子ともあろう人が、今あなたが言った様なことを言うでしょうか〟と言ったら、目を白黒させて、〝違いますか〟と訊《き》くので、〝ああ、大違いです〟と言って一くさり説明して上げたことがある。

「民は之を知らしむべからず」を、民衆に知らせてはいけない、と解釈するから間違ってくるので、第一、天下のために、人間を救うために、生涯を捧げた孔子がそういうことを言う筈がない。民衆というものは、常に自分に都合の好い、その場その場のことばかりを求めておるので、本当のことだとか、十年・百年の計だとかいう様なことはわからない。従ってそれを理解させることはなかなかできないことである。

そこで兎に角訳はわからぬが、あの人のすることだから俺はついて行くのだ、という風に民衆が尊敬し、信頼するようにせよということで、由らしむべしの、べしは命令のべしであるが、知らしむべしの方は可能・不可能のべしである。従ってそれを知らしめよ、由らしむなと解釈すれば、民は信頼・尊敬させてはいけない、宣伝してごまかせばよいということになってしまう。

少し考えればすぐわかることだけれども、そういう浅はかな誤解が随分多い。人間というものは難しいものであります。

与に――学ぶこと・道を適くこと・立つこと・権ること

可㆓與共學㆒未㆑可㆓與適㆒㆑道。可㆓與適㆒㆑道未㆑可㆓與立㆒。可㆓與立㆒未㆑可㆓與權㆒。（子罕《しかん》）

与《とも》に共に学ぶべし、未だ与に道を適《ゆ》くべからず。与に道を適くべし、未だ与に立つべからず。与に立つべし、未だ与に権《はか》るべからず。

これも名言であります。一緒に学問をすることはできるけれども、一緒に道を行くことはなかなかできるものではない。競争するものもおれば、落伍するものもおる。とっとと自分だけ先に行くものがおるかと思うと、遅れるものがおる。又中にはあっちへ行こうというものもおるし、反対にこっちへ行くのだというものもおって、なかなか一緒に道を行く事はできない。殊に人生ともなれば尚更のことである。

けれどもまだそれはできるが、ある一定の場所に立つということになると――与に立つということは、存在を同じうすることですから――問題は更に難しくなる。道を行く場合には、合わなければ、お前はそっちへ行け、俺はこっちへ行くと別々に行くこともできるが、共に立つためには場を同じくしなければならぬから、自由がきかない。それだけ難しいわけです。

男と女の間でもそうで、恋愛とか、友達とか、いうような間はまだ楽で、共に道を行くことができる。ところが夫となり、妻となって、家庭をつくって同じ場に立つということになると、これは容易なことではない。この頃の週刊誌などに腐るほど書いてあるが、恋愛結婚などと軽々しく口では言いながら、いざ結婚してみると、忽《たちま》ち喧嘩をしたり、疎隔したりして、離婚するということになる。正にここに書いてある通りです。孔子くらい人間通はないと言われる所以である。

ところが孔子は、まだ共に立つことはできるけれども、「与《とも》に権《はか》るべからず」と言われる。権は秤《はかり》の分銅であります。分銅というものはご承知のように、あっちへやり、こっちへやることによって、正しいところにぴたりと落ち着けるものですから、権をはかると読む。物事を正しく決する手段が権であります。

生きた人間世界の問題は色々の矛盾や困難が多くて、その問題を知能やら理解やら、欲望やら利害やらでそれぞれ異なった、複雑な心理を持った人間が、共に相はかって相談し合うということは、到底普通の人にできるものではない。これは活きた見識がない限りどうにもならぬ難しいことである。往々にして相手をぺてんにかけたり、ごまかしたりして、折角の正しい意味のはかりを忘れて、悪い意味のはかりにしてしまう。

変について

齊《せい》一變至㆓於魯㆒。魯一變至㆓於道㆒。　（雍也）

斉一変せば魯に至らん。魯一変せば道に至らん。

これはくどくどと説明するよりも、別の言葉に改めて、「ソ連・中共一変せば米・独に至らん。米・独一変せば道に至らん」、と言った方が皆さんにはよくわかると思います。

斉は丁度ソ連や中共のような権力支配の、功利一辺倒の、彼等のよく言う所の帝国主義の国家であり、それに対して魯は文化国家である。

功利というものは行き詰まり易く、怨を結び易いものであるが、然しそういう国でも一変すれば、本当の文化を求める様になる。但し文化というものは往々にして頽廃《たいはい》・堕落する。今日のアメリカやドイツを見ればよくわかる。だからその弱点を救うためには一変しなければならない。そうすれば漸《ようや》く本当の道に至ることができる。これを詳しくお話すれば面白いが、とても時間が要ることである。

命と礼と言

不レ知レ命無三以為二君子一也。不レ知レ禮無二以立一也。不レ知レ言無二以知一レ人也。（堯曰《ぎょうえつ》）

命《めい》を知らずんば以て君子たる無きなり。礼を知らずんば以て立つ無きなり。言を知らずんば以て人を知る無きなり。

これは先哲講座でも長く講じてきたこと故、もうみなさんには講義をする必要はないと思いますが、ただ一つ指摘しておきたいことは、最後の「言を知らずんば以て人を知る無きなり」の「言」というものであります。言は今日で言うと所謂思想・言論でありまして、その思想・言論というものの本当の事がわからなければ、人を知ることができない、人間の世界がわからないと言うのです。

先程も申しました様に、戦後は思想・言論、特にイデオロギー（階級思想）が長い間幅を利かしてきたのでありますが、漸くこの頃になってイデオロギーの終焉ということが言われるようになり、マルクス・レーニン主義であろうが、民主主義・自由主義であろうが、単なるイデオロギーだけでは人世は救われない、本当の文明は栄えない、ということがはっきりと論述されるようになってきた。孟子は「吾れ言を知る」と言うておるが、今にして初めて、なるほどそうだなとしみじみ思う。

孟子はその「言」を解して四つ挙げておる。

詖辞《ひじ》。偏《かたよ》った言葉。概念的・論理的に自分に都合の好いようにつける理窟。

淫辞《いんじ》。みだりがわしい言葉。淫は物事に執念深く、耽溺《たんでき》すること。丁度中共理論の如きもので、なんでもかんでも理窟をつけて押し通そうとすることです。

邪辞。よこしまな言葉、よこしまな心からつける理窟。

遁辞《とんじ》。逃げ口上。

この頃の過激派の学生などはみな邪辞・淫辞ばかりを言うておる。大学教授や進歩的文化人といった連中は専ら遁辞であります。今や詖淫邪遁の言が一斉に流行しておると言うて宜しい。こういう時こそ『論語』や『孟子』を読んで、しみじみ会得すると言うか、啓発されることが大事であります。

現代を最もよく把握し、最も正しい結論を得ようと思えば、論語で十分である、と言うても決して過言ではありません。ただ皆がそれほど読まないだけのことであります。論語を知らぬものはない、また読まぬものはないけれども、大体は論語読みの論語知らずに終わっておる。これは決して他人を責めるのではない、お互いにそうだということです。そうして本当の事がよくわからぬ人間が集まって、てんやわんやと騒いでおる、というのが今日の時代であります。

　そこでこの時代、この人類は如何にすれば救われるかとなると、やはり学ばなければならない。正に論語に言う通り「学ぶに如《し》かざるなり」であります。終日、物を思えども何にもならん、お互い大いに学ぼうではないか。これを講義の結論に致します。

其の二――活学としての論語

（昭和四十五年三、五、七月先哲講座）

人生万事縁である

去年の秋、青年部の古典講座に出席致しまして、「論語読みの論語知らず」という題でお話をしたわけでありますが、何分限られた時間のこととて、十分意を尽くすことができませんでしたので、今回はその補講の意味で、或いは二、三回に亙《わた》るかも知れませんが、その時にし残したお話をいくらか申し足したいと存じます。

先ず、私は青年古典講座でお話する時に、確かその時は触れなかったと思いますが、思い出した事が一つあるのです。

それは昨年の夏であったと思います。群馬県の師友会の同人から〝先生は餘りお忙しくてお気の毒だから、赤城《あかぎ》のつつじ（ここのつつじは有名です）を見ながら温泉にでもはいって、ゆっくり保養なさい〟とすすめられて、――その実は私を引っ張り出して、大いに話を聞こうという魂膽《こんたん》であったわけですが、うまくその手に乗りまして――何年振りかで赤城まで出かけて行った。そうして赤城に着いて同人諸君の顔を見た時に、ふっと私は長い間忘れておった当地に縁のある、感慨の深い一つの美談を思い出し、それを現地のみなさんにお話することになったわけであります。

縁というものは不思議なものでありまして、今までにもしばしば申しました様に、人生万事縁である。だから縁起と言うのです。

これも前にお話したと記憶しますが、日本で民間に一番普及しておる仏は何かと言えば、観音菩薩や、阿弥陀如来よりも、地蔵菩薩なのです。何故地蔵菩薩がかくも普及したかということについては、いろいろ理由が考えられますが、その大きな功徳の一つに、地蔵さまを信仰すると、多逢勝因《たほうしょういん》と言うて、そのお蔭、御縁で、善因・善果を得る。悪縁は悪因になって悪果になる。地蔵さまを信仰すれば勝れた善い因・縁・果に恵まれる。これが一つの理由になって、国民の間に広く普及しておるのである。

いかなる野の末、山の裾に行っても、地蔵さまが立っておる。そうしてお菓子を供えたり、よだれ掛けを結んだりして、涙を催す様な情景を見ることが多い。私は子供の時に母から〝縁を貴べ〟とよく言われた。以来この年になるまで、意識的・無意識的に縁を大事にして、一度縁あって相識《し》った人のためには、できるだけ誠を尽くすことを心掛けてきた。

大沢勘大夫の活学問

その縁が実は赤城にもあるのです。もともとこの地方は酒井侯の領地でありまして、酒井侯は後に姫路に移りましたが、金雞《きんけい》学院はこの酒井侯の有名な金雞園という庭園を開放して貰ってつくったものである。

又陽明学で名高い、殊に京都・大阪地方に大きな感化を与えられた三輪執斎《みわしっさい》先生が酒井藩に聘《へい》せられて、ここで学を講じておられる。そういう縁がある上に、金雞学院の初めからこの地方の多勢の有志が参りまして、甚だ密接な道縁を結んだのでありわけです。従ってその流れを汲《く》む人々によって引っ張り出されて、出かけて行ったというわけです。

さて、酒井藩は三輪執斎先生等の感化で、学問が大層盛んになり、藩侯自《みずか》らも進んで学を講ずる。又藩士の中にも、大沢勘大夫《おおさわかんだゆう》という奉行の様な立派な学問求道の士もありました。この人に名高い政治上の功績がある。

それは或る年のことであった。この地方は非常な旱魃《かんばつ》で、もうすっかり水が涸《か》れて、折角植えた苗が全滅の危機にさらされたことがある。その時大沢勘大夫に直接藩侯から〃何か対策はないか〃と質問があった。すると勘大夫は〃一策あります。それは赤城山上の湖から水を引くより外に救う道はありません〃と答えた。これは大変なことである。と言うのは、今日もその湖が赤城神社の近くに残っておりますが、ここには昔から湖の主が住んでおって、これを汚すと大祟《おおたた》りがあるという伝説があったからである。

迷信深い百姓達はこれを聞いて、みな怖《おそ》れをなしていきり立った。神主までが一緒になって、〃取り止めて貰いたい〃と奉行に申し出る始末である。

処が勘大夫は一向そんなことには頓着《とんじゃく》しない。神主に向かって〃愚昧《ぐまい》な百姓共が言うのなら話もわかるが、神官迄左様なことを言うとは以ての外である。いやしくも神というものは、正しい神であればある程、その土地・住民を救い給《たま》うのが本来である。従ってこの旱魃に湖の水を引いて、百姓や作物を救うというのに、神や湖の主が喜びこそすれ、祟るなどということはあるべき筈がない。それを怒る様な神は邪神であるから、早速退治しなければならん〃と諄《じゅん》々と説き聞かせた。

そこで神主も理の前に屈して、〃それでは一つできるだけ真心を以てお祈りでもさせて頂きましょう〃というわけで、遂に湖からの取水が決行されたのである。それによって赤城山下一帯の土地がいっぺんに蘇生して、凶作・饑饉《ききん》がふっ飛んでしまったばかりでなく、もとより湖の主の祟りなど何事も起こらなかった。そのために住民から非常な感謝を得たということであります。なかなかこれはできないことであります。

その大沢勘大夫と三輪執斎先生に、或る日藩侯からお召しがあって、〝今日は勉強会をやりたいと思うから、朱子の「大学章句序」（朱子の書いた序文）の講義をして欲しい〟と言う。

処がまかり出た勘大夫が、〝私共が講義をお耳に入れたところで、別にどうということもありませんから、一つ、殿が私共に講義してお聞かせ下さっては如何《いかが》でしょうか〟とお答えしたので、もとより学問自慢の藩侯のことでありますから、早速この言を容《い》れて、得々として序文の中の「聡明叡智《えいち》」について講義を始められた。曰く、〝聡とは耳がさといということで、言を聞き誤らぬこと、明とは目が利いて、見誤らぬこと、叡智とは、心がさとくて、よくすべてに通じて物がわかることである云々《うんぬん》〟といった調子であります。

そうすると勘大夫がやおら膝を進めて申しますには、〝殿、しばらくお待ち下さい。聡というのはどういう意味であるか、などというような講釈なら誰でもできる。われわれは左様なことは聞きたくありません。例えば聡明叡智にしても、殿が藩を治められる上に於て、どんなにお聞き誤りがなかったか、或いはどんなに物事の見誤りがなかったか、といった殿ご自身についての講釈を承りたいのです〟と。処がこれを聞いた藩侯は、そこは名君でありますから、〝さすがにお前達と一緒に学問すると、実に善いことを教えられる〟と言って感激されたということです。

われわれは本当に読んでおるか

実に好い話だと思う。昔から漢学などと言うと、すぐ文句の講釈をやるものだから、面白くないのです。だから漢文の先生というものは時代離れした人間の代表のごとく言われて、明治以来すっかりはやらなくなってしまいました。

しかし本当の学問というものは、決してそういうものではない。それを読んで、自分は聞き誤っていなかったか、見誤っていなかったか、という風に直ちに自分の問題にしてゆくのです。そこに気がついてこそ初めて活きた学問となる。本当に大沢勘大夫の言う通りであります。

しかしこれは決して他人事《ひとごと》ではない。例えば『論語』にしても、誰だってこれを読まなかった人はないけれども、本当に活きた学問として論語を読んだかどうか、ということに思い及んでみると、殆どみな、「論語読みの論語知らず」に終わっておるのではないか、という気が致すのであります。

そればかりではありません。単に文字・章句の解釈の点から言っても、殆どわかっておらない。昔から〝いつの世にも流行《はや》り廃《すた》りのないのは論語の出版と忠臣蔵の興行だ〟、と言われる位いつ出しても論語だけは売れる。それほどわれわれはみな論語を読んできたけれども、しからば論語の文字・章句をどれだけわかっておるかとなると、殆ど好い加減なものであります。

そこでその一端を青年部の古典講座でお話したわけですが、しかしこういうものは話し始めたらきりがないので、その時も、論語は一名を綸語と言い、又輪語、或いは円珠経とも言うが、何故そういう名前がついたのか、というようなことから、「学んで時に之を習ふ」の「時」とはどういう意味であるか、誰知らぬ者のないこの語を、一体今の世にどれだけわかっておるか、というようなことをいくつか話しておるうちに、いつの間にか時間が経ってしまった。こういうお話をしておると、限り無く感想と言うか、連想が起こってくるものです。

暁——あきらか・さとる

実は今朝も、調べることがあって、四時に起きたのです。と言うのは、今秋明治神宮で明治天皇御鎮座五十年祭が行われるわけですが、その記念に明治天皇の御詔勅を収集して、その中から三百ばかり選び出し、これに厳正な通解と注釈・解説を加えて出版されることになり、私も宮司さんのたってのご依頼で、その委員長を仰せつかった。

何分、明治天皇の御詔勅は厖大《ぼうだい》な数に上《のぼ》るばかりでなく、その内容が、内政・外交・経済・教育・神道・儒教・仏教とあらゆる面に亙《わた》る、言わば明治史の骨髄・血脈を為《な》すものであります。従ってそれぞれ多勢の専門学者が集まって、一昨年の秋から大変な精力を傾けてやっておるわけでありますが、それらの人達の研究したものだけでも何千枚とある。それを一々読み合わせて、検討しなければならん。もう時間が足りなくて、正に昼夜兼行であります。それで今朝も早く起きて、その詔勅集に入れる総論のことで調べておったわけであります。

そのお蔭で久し振りに夜明けの気分を満喫することができました。さすがに東京の騒がしい市中でも、夜明けの一時《ひととき》は森閑《しんかん》として、静寂そのものである。暗闇から次第に明るくなって、何とも言えぬ好い気持ちである。自ずから頭も澄んで、能率も上がる。ふっと私は暁という字を思い出した。

これはあきらかという字であり、さとるという字である。然し同じあきらかと言っても、日月並んで照らす明ではない。暁のあきらかは、夜の暗闇が白々と明けて、物のあやめ・けじめが目に見えてくる、さわやかな中に、心が澄み、頭が冴えて、物のすがたがあきらかになってくる、という意味である。従ってそれだけ物事がわかる。だからさとるである。暁という字を、あきらか、さとるという意味に用いたのは、やはり先人・古人が体験によって到達した心境から生まれたものである。

亮――高に通ずる――たかい・あきらか

今、東京の師友会の照心講座で『三国志』を講じておりまして、ようやく「諸葛《しょかつ》孔明《こうめい》」に到達したところでありますが、ご承知のように孔明は名を亮《りょう》と申します。亮はたかいという字で、高の字の下の口をとって人を入れた文字である。即ち高い所へ上る人間ということである。高所へ上れば、見晴らしがよく、見通しが利く。つまりそれだけわかる、あきらかになる。一般の大衆と違って、高い見識・心境に達した人は、人間・世の中がよくわかる。そういう意味のあきらかという字が亮である。諸葛孔明は正に亮の名の如き人でありました。

相――見通しが利く・たすける

亮とよく似た字に、これは前にもお話したと思いますが、相という字がある。いろいろ説もある。木を見わけるとも説かれてあるが、それよりも、木の上に人間が登ると、先が見える、見通しが利くという方が面白い。

本能寺の森蘭丸が、松の木に登って先を見ると、闇の中に桔梗《ききょう》の旗がはっきり見えて、明智の謀叛《むほん》がすぐわかったというのと一緒です。そこで、あっちへ行ったら駄目だ、こっちへ来い、という風に迷っておる人間を助けてやることができる。だから相をたすけるとも読む。又大衆というものは下の方でまごまごするばかりで、前途の見通しなどということはさっぱりである。これをそのまま放置すると、行詰まってしまう。

そこで国家・民族十年・百年の前途を見通して、政策を立てねばならない。その代表が大臣である。だから大臣のことを相と言う。従って文字本来から言うならば、大臣は国家・民族のために十年・百年の大計を立てるだけの見識を持った、餘程見通しの利く人でなければならぬ筈であります。

処がこの頃は大衆政治になって逆になり、木の下に目をつけた方が相応《ふさわ》しい様な大臣がたくさんできる。そういうところに政治の堕落がある。と言ってもこれを直すには、いくら選挙法を改めてみたところで、米の値段を増やしたり減らしたりしてみたところで、どうにもなるものではない。

まあ、そういう風に、単なる文字学の上からだけでも、深い真理と興味がある。私は久し振りに今暁、茶をすすっておって、暁の字を味わったわけでありますが、それと同時に、又私自身も年の七十を越して、漸く人生の暁を迎えたような、なんだか闇の中から白々と物がわかり出してきたような、気がするのであります。

老境にはいると、呆けるのが本当なのに、逆に人生の暁を迎えるような気がする、と言うのですから、少し頼りなくもないが、兎に角この年になって、漸くわかってきたように思われる。こういう体験は今までにも何べんかしておるのですが、今朝も亦《また》同じ体験をしたわけです。

了——あきらか・おわる

然し同じさとるでも、暁と違ってもう一つ皮肉な〝さとる〟がある。それは了という文字です。弘法大師の詩に、

「閑林獨坐ス草堂ノ暁。　しずかな林の中、独り坐っている草堂の夜明け

三寶之聲聞ク二一鳥ニ一。　仏・法・僧と鳴く鳥の声を聞く
一鳥ニ有リレ聲人ニ有リレ心。　鳥の啼き声に仏の教えを聴く人の心
性心雲水倶《とも》ニ了了《りようりよう》。」　人の心と自然と自ら通じて明らか

という有名な七言絶句がある。これを見ると、弘法大師もやはり同じような体験をされておったわけですが、この詩の最後に了了と言って了の字が使われてある。これはあきらかという字である、と同時におわるという字である。あきらかになった時はすべてがおわる時である。

確かにそうかも知れませんね、人間は訳わからずに年をとって、漸くわかり出したなあと思ったら、それですべてが終わりです。その意味から言うと、まだ少し残り惜しい気もするけれども、私も人生の終わりが近づいたということになる。文字というものは実によくできたものだと感心する。

悟——口をつつしんで——さとる

もう一つ、さとるという意味の字に悟という字がある。これが又、頗《すこぶ》る意味が深い。

忄偏に吾（われ）と書いて、どうしてさとるという意味になるか。吾は口に五本

の指を押し当てた象《かたち》であるという解釈もあるが、よく調べてみるとそうではなくて、五は乂（音・がい、かる意）で、草をかる艾と同義の文字である。そこで口をかるとは、餘計なことを言わぬ、つまらぬ物を食わぬということになる。言い換えればこれは、口にかぎをして、口をつつしむということです。

人間にとって先ず曲者《くせもの》は口である。つまらぬものを飲み食いして、身体を壊すのも口であり、社会生活、或いは自分の存在活動に祟るのも口である。「口は禍《わざわい》の門なり」と言うが、しゃべらずともよいことをしゃべってお里が知れたり、言い方を間違えて、相手を怒らせたりするのも、みな口です。だから「挨拶もろくにできん」という言葉もある。それくらい口というものは大事なものである。

そこで口にかぎをして、餘計なものを食ったり、餘計なことを言わないようにして、立派にする。と同じようにこれを広げて、自分を下らないものから整理して、筋の通った立派なものにせねばならん。吾という字をさかのぼれば、そういう風に口をつつしめというところから出ておることがわかる。従って悟も、結局は自分をどうするかということになるわけです。

孝――老少の連続・統一

まあ、そういうことを考えておりましたら、いつの間にかすっかり夜が明けてしまって、女中が雨戸を繰り出したので、考えることを止め、朝食を済ませて、又書斎に戻った。そして今夜の講義のことを思い出したので、しばらく詔勅を旁《かたわら》にのけて、メモを取りましたのは孝についてであります。

と言うのはこの前参りました時に、松下（松下電器商学院）さんの方で立派な『孝経』の本をつくられて、成人教学研究所に寄附されたということを聞いたのを思い出し、孝という字は論語にも随分出てくる大事なものであるから、是非みなさんにもお話しておこうと考えたからであります。

孝という字は、言うまでもなく老、先輩・長者に子を合わせたものであります。この字を今日の時世に徴して考えてみると、恐らくいろいろのことを連想されるでしょう。

すぐ気がつくことは、今、流行語の一つである断絶ということです。これはドラッカーの The age of discontinuity（『断絶の時代』）という書物から出た語でありますが、本当は疎隔《そかく》と訳すべきであります。これについては翻訳者も、自分が訳したのではなくて、疎隔ではぴんとこないから、というので出版社の方で勝手につけたのだ、と何かで言い訳をしておるのを読みましたが、その通りで、本当は疎隔であります。しかし強調すれば、断絶と言ってもよいような現代である。

その疎隔・断絶に全く反対の、連続・統一を表わす文字がこの孝という字です。老、即ち先輩・長者と、子、即ち後進の若い者とが断絶することなく、連続して一つに結ぶのである。そこから孝という字ができ上がった。そうして先輩・長者の一番代表的なものは親であるから、親子の連続・統一を表わすことに主として用いられるようになったのである。人間が親子・老少、先輩・後輩の連続・統一を失って疎隔・断絶すると、どうなるか。個人・民族の繁栄は勿論《もちろん》のこと、国家・民族の進歩・発展もなくなってしまう。

革命の如きものでも、その成功・失敗は一にここにかかっておる。一昨年、百年を迎えたわが明治維新は、革命の中の大成功の例であるが、その明治維新が何故かくも立派に行われたかということを考えれば、誠によくわかる。ご承知のように明治は四十五年であるが、内容的には第一次大戦迄続いたと見て約五十年、その五十年の間にあれだけの大発展をしたのであります。

それに較《くら》べると、ソ連や中国はどうか。ソ連も昨年で革命政権を樹立してから丁度五十年になるが、あの通りまだやっさもっさやっておる。同様に中国も、孫文が広東で大総統になってから五十年経つが、ああいう惨澹《さんたん》たる光景であります。如何に明治維新が立派であったかは理窟抜きにわかる。

その立派に行われた理由の第一は、先輩・長者と青年・子弟とがあらゆる面で密接に結びついたということです。人間的にも、思想・学問・教養という様な点に於ても、堅く結ばれておる。

徳川三百年の間に、儒教・仏教・神道・国学と色々の学問・教養が盛んに行われ、又それに伴なう人物の鍛錬陶冶《とうや》があったところに、西洋の科学文明、学問・技術がはいってきたために、両者がうまく結びついて、ああいう立派な革命ができたのです。今、アフリカや東南アジアのあちらこちらで、革命・建設が行われておりますが、どこもうまくいっておらない。それはみな断絶ばかりで、連続がないからである。そこに向こうの悲劇があり、こちらの成功がある。孝・孝道というのはこのことである。

孝という字を見たときに、そこに思いが及んで初めて活学・活読と言える。単に親を大事にして、親のために尽くすことだ、という様なことで済ませるから、ひねくれた伜《せがれ》共が、何のために親に孝行しなければならぬのだ、という様なことになるのです。その上馬鹿な教師がおって、親子と言っても、要するに性欲の産物ではないか、などととんでもない説明を純真な子供に与えたりする。

親子の説明がそうですから、況《いわ》んや教師と弟子、上役と下役、先輩と後輩などというものは推《お》して知るべしで、断絶どころか、何でもかんでも反抗・闘争へ持ってゆこうとする。これは人間及び社会の後退に通ずるものである。人間は進歩しようと思えば、統一がなければならない。教育とは何ぞやと言えば、つまるところは先輩・後輩と長者・少者の連続・連結の役目をなすものでなければならない。

要するに孝という字は、単に親を大事にして、親に尽くすという意味だけではなくて、親子・老少、先輩・後輩の連続・統一を表わす文字である。そういうことを知って孝経や論語を読むと、限り無い教訓がその中に含まれておることがよくわかる。

孝と疾——連続と断絶

孟武伯問レ孝。子曰、父母唯其疾之憂。（爲政）

孟武伯《もうぶはく》孝を問ふ。子曰く、父母は唯だ其の疾を之れ憂ふ。

孟武伯が孝とはどういうことですかと尋ねたところが、孔子の言うのには、「父母はただ子供の病気のことだけを心配する」、だから病気にならぬ様に心掛けねばならない、というのが従来からの一般の解釈であります。つまり疾を病気と解釈する。

確かに両親というものは、子供が病気をしないかということを一番心配する。これは最も卑近なところである。然し乱暴をしたり、暴飲暴食をしたりするような、まだできておらぬ青年でも相手にするのならば話もわかるが、孟武伯ともあろうような堂々たる人間に対する言葉としては、少々幼稚過ぎる、と私はかねて思っておったのです。

従ってこれを読み換えて、「父母は唯だ其の疾を之れ憂へしめよ」、病気は已むを得ない場合もあって仕方がないが、その外のことで親に心配をかけてはならぬ、という解釈でもおかしい。

それで随分いろいろな注を読んでみたが、どうもしっくりする様なものがない。ところがこれはかつて先哲講座でもその抜萃《ばっすい》をお話して一冊の本になっておりますす、あの『呂氏春秋《りょししゅんじゅう》』(禁塞)の注に、ちゃんと「争ふ」に同じ——即ち疾を解釈してあらそうと同意としておる。これなら孝の答えにぴったりです。

恐らく皆さんの中にもおられると思いますが、近頃の伜は事毎《ことごと》に反抗して、親の言うことを素直に聞かないので、随分悩んでおられる方が多い。疾を憂うるとはそのことを言うておるのです。つまり断絶を憂うるのである。呂氏春秋の注釈に基づいて解釈すれば、この一節はそのまま現代にあてはまる。学問というものは面白いもので、色々調べておると、どこかに必ず注解・注釈があるものです。注釈や注解などと言うと、いかにも煩瑣《はんさ》で厄介なもののように思いますけれども、そこに又言うに言えない妙味がある。

みなさんもご承知のように、後漢が亡んで三国に移るきっかけをなしたものは、言うまでもなく有名な黄巾《こうきん》の賊であります。これは教匪《きょうひ》（宗教的賊）と言って民間の通俗信仰の団体でありますが、その黄巾賊の巨魁《きょかい》は張角《ちょうかく》という人物でありまして、北支一帯に大きな勢力を張って、ついに革命闘争を展開するに至った。世にこれを五斗米道《ごとべいどう》、或いは太平道と言うておる。

しかしもともとこれは張角がつくったものではない。張角より少し前、後に諸葛孔明がはいりました曲阜《きょくふ》地方に張陵というものがおって、教団をつくり、その子、張衡、孫の張魯の三代に亘って鬱然たる勢力を得た。それが朝廷から天師の号を賜って張天師と言うたところから、天師道と言う。

又信者にお布施として米五斗を献上させたために、五斗米道の名が出た。しかしこれは黄巾賊《こうきんぞく》とは全く別物でありまして、その後天師道は曲阜から江西へ移って、南方道教の一つとして残ります。もう一人張修という者がおって、これが太平道をつくった。張角はこの二つを範《はん》にとって教団を組織したわけである。

この中にはなかなか面白い人物があって、中でも張陵の如きは支那神仙伝の中にいれられ、又画題にもなっておるのでありますが、その彼等の教えの一つの条件に、太平清領書《せいりょうしょ》というものがあったことがわかっておる。今日殆ど失くなって、その一部の太平経というものが残っておるに過ぎないが、殺された張角もやはりこういうものを持っておったと言われている。

ところがこれを調べてみると、豈《あ》に計らんや全く『孝経』に基づいて書かれておるのです。所謂断絶ではなくて、連続を強調しておる。言い換えれば報恩感謝が趣旨なのです。先ず今迄のことを懺悔《ざんげ》し、姓名を三通の文書に記して、それぞれ天帝に告げるために山上に掲げ、地神に訴えるために地に埋め、水神に訴えるために川に流して、そうして自分を清浄にし、供養を献《ささ》げて新しい生活に励む。これが本来の教旨であって、根本は一に孝である。

だからこの道を守って衆生《しゆじよう》を済度《さいど》（悟りへ導く）してゆけば、立派な宗教であったが、だんだん信者ができるうちに、権力・支配の欲望が出てきて、結局はああいうことになってしまった。

いろいろの欲望の中で、一番深刻なものは権力・支配の欲望である、ということは私がたびたび触れたことでありますが、これはいつの時代、どこの世界に於ても変わらない。

殊に支那の歴史を見るとよくわかりますが、殆ど歴代の易姓革命に際しては、即ち前王朝の末期には、宗教団体の匪賊が現われておる。どうも教団をつくってだんだん勢力が出来てくると、俗世間の権力・支配の欲望を持つようになるものらしい。そうして争い、競争になって必ず、失敗する。失敗するのは当たり前でありますす。

そもそも宗教というものは、俗世間を浄《きよ》めて、民衆を正しい道に導く、即ち教化すべきものである。だから自ずから俗世間と離れておらなければいけない。それを民衆と同じ世界へはいってきて、そうして民衆と同じ様に利益だとか、名誉だとか、権力・支配というようなものを要求するようになると、これは民衆と同列になって争うことになるわけで、そうなると必ずその教団は堕落する。のみならずここに於てその教化すべき民衆、及びその民衆を指導しておる、時の支配階級とぶつかるようになる。

しかしそれらの勢力を圧倒して、自分が権力を握るなどということは、餘程の英雄が餘程の時運に恵まれたのでなければ、先ず成功するわけがない。何百年・何十年それで鍛えられて来ておる現世の英雄とか、将軍の方が強いに決まっておる。到底十年・二十年の駈《か》け出しの宗教家等の及ぶところではない。だから結果は必ず惨澹たるものになる。少しく歴史を見、且つこういう教えを学べば、すぐわかることであります。

その点から言うならば、今の創価学会にしてもそうであります。俗世間から離れておって、これを浄化する意味の勢力を発展することは宜しい。しかし信者がたくさんできたために、それらを連れて俗界へはいって来て、俗界の名誉・権勢・利権などを争うようになると、これはもう堕落である、と同時にすでに歴史が証明済みの愚劣なことである。まして逆に公明党が攻撃されたからといって、創価学会と縁を切る、などというのは更に愚劣なことである。それならば今まで何をしてきたかということになる。今までやってきたことは間違っていましたとあやまってしまっては、解党でもするより外はない。

自分の修養・信仰を持つということは少しも構わない。どこまでも創価学会の信仰を持って、これと関係を断つ必要はないのです。しかし公の政党として、その教団だけを金城鉄壁視し、外のものとはみな闘うのだ、というのでは最早《もはや》それは政党ではない。これによって国を救うということにならなければいけない。

そのためにはその教えに従うだけの立派な宗教的信念や情熱、又心ある者がみな慕い寄ってくるような教団でなければいけない。こういうことは少し活学をやれば、明々白々簡単にわかることです。それをやらないから盲目の喧嘩のようなことを演ずることになる。

孝の次に論語を読んですぐ目につくのが、忠という文字です。忠孝の二字は永遠の真理である。従って永遠に新しい。論語が人の批評・時代の如何にかかわらず、兎に角出版すれば損をしないというのは、やはりそれだけの価値があるからである。

忠恕の道は徹底した人道主義

子曰、參乎、吾道一以貫レ之。曾子曰、唯。子出。門人問曰、何謂也。曾子曰、夫子之道、忠恕而已矣。（里仁）

子曰く、参《しん》や、吾が道は一以て之を貫く。曾子曰く、唯《い》。子出づ。門人問ひて曰く、何の謂《いひ》ぞや。曾子曰く、夫子の道は忠恕《ちゆうじよ》のみ。

貫はもとよりつらぬくでよいが、別の注を穿鑿《せんさく》すると、行うなりというのもある。吾が道は一以て之を貫《おこな》ふ、その方がよい。孔子が参、即ち曾子に、「吾が道はただ一を以てこれを行う」と言われると、曾子は「はい」と答えた。まるで禅問答のようで、外《ほか》の門人達には何のことかさっぱりわからない。

そこでお師匠さんが出られた後で、「今のはどういう意味ですか」と曾子に尋ねた。すると曾子は、「先生の道は忠恕だけである」と言う。実に好い問答で、これ又永遠の言葉である。時代に即して解釈すれば、今日もその通りであります。

「忠」とは、これも今までたびたび触れたことでありますが、中《ちゆう》する心である。

「中」は、相対するものから次第に統一的なものに進歩向上してゆく働きを言う。忠とはそういう心である。中は論理学で言うと、丁度辨証法がこれの一つの応用である。つまり正反合と進んでゆくのが中である。

これもいつか言いました様に、恋仲の男女が情死することを心中と言うのは、誰がつけてやったか知らぬが、実にうまくつけたものであります。情死では浮かばれない、解決も進歩もない。それをこの世では一緒になれないから、あの世で一緒になって幸福に暮らそう、と言うので心から中する。言い換えれば現実の相対世界の矛盾を統一・救済して、一段高い次元に進むと言うのである。

ところがこれは時々失敗するので、中の字をあたると読む。だから中酒と言うと酒にあたる、つまり悪酔いするという意味である。心中も大体悪い方の中が多い。それでも心中と中の字をつけてやっておる。これは餘程物わかりのよい学者がつけたものに違いない。本当によくできた言葉であります。

人間の生活、長い歴史、文明も要するに中の経過であり、中史でありますが、そういう真心で努力しようとする気持ちが所謂忠である。だから日本語でこれをまめやかとも読む。しかし俗のまめやかは単に相対するものの間の極く平面的なものに過ぎない。

本当の忠は無限の統一・進歩である。その忠は言い換えれば「恕」である。恕は如プラス心であるが、如の口は口（くち）ではなくて、領域・世界・本分である。これをごとしと読むのは、天のごとし、実在・造化そのままという意味である。仏教ではにょと呉音で読んで、最も普及した語となっておりますが、造化そのままであるから、従って仏《ほとけ》そのままである。

又如はごとしと同時に、それと比較して接近する、しく、似るという字であり、ゆく、進行するという字でもある。宇宙・造化は絶えざる創造であり、変化であるからである。

従ってこれは男では駄目で、どうしても女偏でなければならん。女性はどんな愚かでも子を生むが、男は如何なる英雄・哲人と雖《いえど》も生むことはできない。この点だけは男は女にかなわない。だから女が子を生まなくなる、嫌がるというのは、自然の原則に反する。造化の理法・宇宙の真理に反する。不具で子のできないのは仕方がないが、自《みずか》ら進んで女が子を生むことを嫌がるようになれば、その民族は当然衰退・衰滅する。これは世界の文明史がちゃんと証明しておる。

それでは如心、即ち恕は何故ゆるすと読むか。

造化の特徴は、第一に万物を包容して一物をも捨てない、と同時にこれを創造してゆく。この二つの特性がもっとも著しいものである。従って如心と書いたこの恕は、その第一の意義は〝ゆるす〟である。本当にやさしい女は、両親で言えば、母は、いきなり子を裁くことをしない。一応子供をゆるす、包容する。

そこへゆくと親父《おやじ》の方は違う。理性の分野が本領であるから、どんな可愛い子供に対しても、一応その理性に基づいて子供を裁《さば》く、批判する。これは両親の分擔《ぶんたん》・分業である。これが逆になると悲劇です。ところが近頃の親父共はぐうたらになって、何でもかんでも子供の思う様にさせて、裁くことをしない。そこで仕方なく母親がきつくなって、始終子供を叱りまくるということになる。こうなると陰陽が乱れる。

しかし恕はただゆるすのではなくて、造化の限り無く進歩向上するための包容であるから、どうしても忠を要する。従ってこれを結んで忠恕と言う。

両方を対照的に言えば、忠は進行型でどんどん進んでゆく方の意味を建前とし、恕はゆるすという意味の方を建前とするから、忠一字だけでも、恕一字だけでも、時々使われておるけれども、一切を包容して、一切を進歩向上させてゆくのが大いなる造化の働きであるから、どうしても忠恕でなければならん。その忠恕が夫子の道であると言う。これは言い換えれば徹底した人道主義であります。

先ず自己を知れ・生の何たるかを知れ

季路問レ事二鬼《き》神一。子曰、未レ能レ事レ人、焉能事レ鬼。曰、敢問レ死。曰、未レ知レ生、焉知レ死。（先進）

季路、鬼神に事《つか》へんことを問ふ。子曰く、未だ人に事ふること能《あた》はず、焉《いづく》んぞ能く鬼に事へん。曰く、敢《あへ》て死を問ふ。曰く、未だ生を知らず、焉んぞ死を知らん。

これを大抵は、季路が鬼神に仕えることを孔子に尋ねたら、孔子は、「未だ人に仕えることもできないのに、どうして鬼神に仕えることができようか」と言われたので、敢えて死というものをどうお考えですかと訊くと、「未だ生を知らぬのに、どうして死がわかろうか」、と言われた、という風に極めて簡単にかたづけてしまう。が、然しこの言葉は、そんなに世間普通の学者が言うように簡単なものではない。孔子の心境がもっともっと深いものがあることは、最後の言葉だけでもよくわかる筈であります。

「未だ生を知らず、焉んぞ死を知らん」と言うが、それでは一体生とは何ぞや、死とは何ぞや。造化そのままの直接経験の世界、即ち如は、近頃流行の言葉で言えば実存というものは、これは生そのものであるが、その折角与えられておる生をわれわれは一体どれだけ知っておるか。

生を本当に知ることは死を知る事に外ならない。生と死は連続した一連の問題であるから、生もろくろくわからぬ者に死などわかる筈がない。だから人生はおろか、自分のことさえまだ本当に考えたこともない人間が、死とは何ぞやというようなことを云々《うんぬん》しても始まらない。それは観念の遊戯・概念の遊戯に過ぎん。だから「もっと自己の生そのものに徹せよ」、というのが孔子の考え方であります。

従って鬼神などというものは、餘程自分のできた人の考えることであって、鬼神よりも何よりも、先ず自分のことを何とかせよ、もっと汝自らを知れ、もっと人間を知れ、そうして死がどうのこうのと言う前に、生をよく悟れ、ということになる。

まあ、こういう時代、こういう民衆の世の中になればなるほど、限り無く『論語』というものが思い出される。日常いろいろの問題や現象にぶつかって、考える。考えると、ことごとく論語に書かれてある。こんなことにまで触れてあったか、こんな問題まで出ておったか、という風にそれこそ限り無く気がつく。

殊に初めに申しましたように、弘法大師の如く了々とまではゆかなくとも、いささか了して、おぼろげながら物事がわかってくると、暁になってくると、論語という本は本当にえらい本だなあと思う。そうしてえらい本だなあとわかればわかるほど、随分子供の時から馴染んで、もう十分わかった心算でおったけれども、本当は少しもわかっておらなかったという事がわかる。論語読みの論語知らずであったなあと思う。

「論語読みの論語知らず」という語は、世間の人間が利口そうな者を揶《から》かうだけのことではなくて、本当に考えると、全くこれは自分自身に言う言葉であったということが、わかればわかるほどわかる。ところが世間には、何もわからぬくせにわかった様な顔をして、わかったように思って、利口そうにしゃべったり、書いたりする者が無数におる。それがやれ思想だ評論だ、ジャーナリズムだタレントだ、というようなことで、わざわざ世の中を引っかきまわしておる。

そういう利口ぶってのぼせ上がっておる、浅薄な思想家や評論家に冷水を浴びせるような行き方をしたのが、老子であり、老荘思想である。それに対してあくまでも諄々と説得するように進んで行ったのが孔孟の学問であります。

老荘と孔孟とは支那に於ける文化の二大本流であるが、わが神道の行き方は又これ等とは異なる。人間本然の世界をどこまでも汚さずに、下流に対する源泉の神秘を浄化して、それを保ってゆこうとするのが、日本の神道であります。

いつの時代にもある佞人

昨年水戸の常盤神社に義公水戸光圀公の鑚仰碑《さんぎようひ》が建てられました時に、その碑文を依嘱されまして、お蔭で随分義公や水戸学に関する文献を渉猟《しようりよう》（広く探し求める）致したわけでありますが、こういうものを見ておりますと、私にはまるで現代世界の、或いはこれからの世界の歴史を読む様な気がするのであります。

この頃は一九八五年グループだとか、二〇〇〇年グループだとか、と言った所謂未来学派なるものがたくさんありまして、私もそれらに関するものをいろいろ読まされるのですが、そういうものとは又別の調子の、これからの歴史の原作と言うか、種本でも読んでおるような気さえする。やはり歴史を学ばねばならぬとしみじみ感ずるのであります。これは『論語』を読んでも同じことでありまして、今日の人間が考えるようなことはことごとく論語に書いてあります。

論語に就《つ》いて、こういう現代のような時代に特に思い出すのは、胸に一物を持って、時代の興味ある問題、或いは時代の一つの勢力・運動に、迎合したり、煽動したり、参加したりする心術の卑しい、唾棄《だき》すべき、いわゆる曲学阿世《きよくがくあせい》というものであります。

殊に戦後、進駐軍のおりました時期には、ことごとくこれに阿諛迎合《あゆげいごう》して、その工作に得意になり、何事によらずアメリカニズム、アメリカ礼讃《らいさん》がはやりました。ところがその後、日本が独立し、アメリカが撤退致しますと、掌を返す様にしてソ連共産主義を謳歌し、スターリンを礼讃する思想家や評論家・学者がたくさん出てきた。やがて少しスターリンの勢力が衰えてフルシチョフの時代になり、同じようにスターリンの打倒をやる。と思っておるうちに毛沢東がはやり出すと、今度はフルシチョフを駈け足で通り過ぎて中共に阿諛迎合する。

実に目まぐるしいと言うか、浅ましいと言うか、情けない限りであります。然しこれは餘程の見識とか、信念とか、気概というものを持っておる人でないと、はっきりどこがいけないと批判ができない。

そこで内心は甚だ不安でありながら、心ならずもそれらに追随してゆく人々がたくさんできる。そういう人々を俗な言葉で進歩的文化人と言う。もっともこういう連中は、昨年・一昨年の学生暴動で、反体制派・過激派の騒動で、皮肉にも自分達が煽動した連中によって軽蔑され、排斥されるという、笑えない喜劇を演出して、とみに勢力が後退致しましたが、しかしこういう曲学阿世はいつの時代にもある。常に時代の変化に伴うものである。論語を読んでもそれがおる。しじゅう出てくる佞人《ねいじん》がそれであります。

佞という字はたびたび解説致しました様に、佞と書いては面白くない。これは佞、或いは佞と書くのが本当でありまして、佞は仁＋女、佞は信＋女である。意味は餘り変わらないけれども、いずれにしても情けのある、まことのある女性から出る、優しい嬉しい言葉・意志の表現が佞というものである。本来は善い意味の語であります。

従って明治時代までは、よく手紙などでも、自分のことを不佞と書いたものです。不佞とはへつらわないということではなくて、自分はまだ心ばえができておらない、仁・信から出る優しい行き届いた挨拶ができない、つまりろくな挨拶もできない私です、という意味である。

人間というものは、本当にちょっとした言葉から、嬉しくもなり、腹も立ち、喧嘩もする。あいつ、こういうことを言いよった、という様なことから問題が起こる。これが人間関係の重大な内容です。その意味で、不佞と同様一人称を表わすものに不敏という語があるが、これは気が利かないということですから、不佞の方がよい。

ところがその佞がだんだん後になればなる程、一般に広く使われるようになればなる程、初めの善い意味が悪く変わってしまって、佞奸《ねいかん》邪智などと言う風に全く仁や信を持たない人間を、実はまるで裏はらでありながら、如何にも言葉だけはうまいことを言うて、人を煽動したり、味方したり、どうかするとそのためにしてやられる、といった悪い意味に使われるようになりました。

論語の中にもう既により多く悪い方へ使われておりまして、盛んに佞人が出てくる。それで戦後、先程言いましたような風潮になって、いろいろ不愉快な人間が出てきた時に、論語を読んで、ああいう種類の人間はここに出ておった、こういう種類の人間はあそこに出ておった、というわけで、今更の如くこれを読み直したことがしばしばありました。例えば、

子曰、巧言令色、鮮矣仁。（學而）

子曰く、巧言令色、鮮《すくな》いかな仁。

口先がうまくて、如何にも表面はよいが、中味がない、仁がない。これは表現が違うだけで、佞と同じことであります。

直接佞の字を使って面白いのは、

顔淵問レ爲レ邦。子曰、行二夏之時一、乘二殷之輅一、服二周之冕一、樂則韶舞、放二鄭聲一遠二佞人一、鄭聲淫、佞人殆。（衛靈公）

顔淵、邦を為《おさ》むることを問ふ。子曰く、夏《か》の時を行ひ、殷《いん》の輅《ろ》に乗り、周の冕《べん》を服し、楽は則ち韶舞《しょうぶ》、鄭声《ていせい》を放ちて、佞人を遠ざけよ。鄭声は淫、佞人は殆《あや》ふし。

顔淵が国の治め方を尋ねたら、孔子の言われるには、夏の暦を使い、殷の木の車（質素なもの）に乗り、周の冠（上におおいものがついて前後に房がある）をつけ、音楽は舜の韶の舞にかぎる。ここ迄はどうでも宜しい。問題はその後であります。即ち「鄭の音楽をやめて、口の上手な者を退けよ。鄭の音楽はみだらであり、口の上手な者は危険である」と言う。これを読むと、さぞかし皆さんは現代を思い出すでしょう。正に今日は鄭声・佞人の時代であります。これを何とか排除しないと、改めないと、世の中は救われない。

言うまでもなく音楽というものは、人間の性情・ありのままを最もよく表わすものであります。それだけに音楽を見れば、その時代の人間の考え方、世の中の有様がよくわかる。その音楽の元は声でありますが、これには又深い意味がある。

軽薄な人は軽薄な声、重厚な人は重厚な声、素朴な人は素朴な声を出す。声を芸術的に養うと、声楽というものになりますが、しかし如何に上手になっても、その人の地声・声質は変わらない、どうにもならない。

又音楽と言っても、古典ではいろいろ区別がありまして、『詩経』によると、特殊な専門家のものではなくて、この頃の歌謡曲のように一般民衆に広く普及するものを風《ふう》と言い、これに対して朝廷の正式の会合に使うのが雅《が》、中でも最も本格的なものを大雅《たいが》と言う。これを結んで風雅であります。風雅、殊に風を見れば、その民族、その時代の風潮がよくわかる。

この頃歌謡曲がテレビ・ラジオで大流行であります。先日も近くの床屋へ行って頭を刈って貰っておりましたところが、もう朝からラジオのかけっ放しで、それも放送されるものは俗歌ばかりです。それで床屋の主人に、〝一眠りしようと思ってきたが、これではとても……〟と言いましたら、笑って少し声を低めてくれましたが、お蔭で私もその延《の》べつ幕なしの放送を聞かされて、いろいろ感じさせられました。

「鄭声は淫」と言うが、確かにその通りですね。なるほど節廻しはうまいが、実に野卑と言うか、低級軽薄と言うか、上《うわ》っ調子で、修養だの、訓練だののできた、というようなものは全く感じられない。それだけに卑しい、みだらそのものです。しかもこれを歌っておるのが大体みな若い男女であることを考えるとき、こういう歌がどれだけ日本の青少年を毒するか、私はしみじみ心配せざるを得なかった。正に鄭声は淫であります。

鄭というのは、周の時代で言いますと、丁度黄河の中流にあって、都の洛陽《らくよう》の対岸に位置しておった。衛《えい》はその下辺にあって、共に周の都に最も近い国である。江戸時代であれば、親藩の封《ほう》ぜられたところであります。従ってその頃も今日と同じで、一番文化的であり、それだけに又より早く堕落し、浮華軽薄になった。そうなると必ずエロチシズム（好色的）になる。

いつか明治・大正の歴史の変遷をお話した時にも触れましたが、時代の頽廃度を観察する上に非常に参考になる三つの基準がある。それは第一次大戦後にはやった三つの流行語でありまして、エロ・グロ・ナンセンスの三語であります。今度の第二次大戦の後も結局この三つに要約することができる。

先ず頽廃現象の初めはエロでありまして、エロは人間の気力を麻痺させる。ところがまだ生命力が残っておると、いつかエロに反撥する時期がくる。そうして何か強烈な刺激を要求するようになる。ところがもうすでに頽廃しておるのですから、到底健全な刺激には耐えられない。だから刺激は刺激でも変態的な刺激を要求するようになる。それがグロテスクというものであります。そうして更に進むと、今度はナンセンス、すべてが無意味ということになる。ナンセンスの次は破壊より外にはない。現代も周の時代もその点少しも異なるところがありません。

ところが、そういう時代に又、迎合したり、無理矢理にこじつけてこれを弁護する変な思想家や学者が出てくる。誠に困った現象です。

極端な例をとれば、あのシージャックやハイジャックの事件であります。ああいう、もう已に警察官を狙撃したり、負傷させたりして、ライフル銃を乱射しておるような者を、警察官が射殺したからと言って、これを告訴する弁護士がある、それに又共鳴する者が出てくる。こういうのは明らかに佞人の部類であるから、速やかに排除しなければならない、排除しなければ国が危うい。

と言うのは、人間の性質というものは物質の成分と同じ事で、いろいろの分子から成り立っておるからです。善分子もあれば、悪分子もある。佞などという素質もみな何分か持っておるわけです。ただそれが配合の如何によって、表面に出たり、消えたりするに過ぎない。

だから佞人が出て、その毒が強ければ大衆の中から、佞人の方へ傾く者がたくさん出てくるし、反対に気節の士が出て、その力が強ければ大衆の中から、逆にその感化でぞくぞく気節の士が出てくる。これが人間界の現実の姿であります。

従って佞人が出て来て、それが一世を風靡《ふうび》するということになると、佞人というものは、もったいらしい理窟をつけて、その傾向をあおることが非常にうまいだけに、これくらい危ないことはない。確かに佞人は殆《あやう》いかなでありまして、本当に現代にぴったりの言葉であります。時代の違いを忘れて、感嘆禁じ得ないものがある。

微生畝謂㆓孔子㆒曰、丘何爲是栖栖者與、無㆓乃爲㆒㆑佞乎。孔子對曰、非㆓敢爲㆒㆑佞也、疾㆑固也。　（憲問）

微生畝《びせいほ》、孔子に謂ひて曰く、丘《きゅう》、何為《す》れぞ栖栖《せいせい》たる者ぞ。乃《すなは》ち佞を為すこと無からんや。孔子対《こた》へて曰く、敢て佞を為すに非ざるなり、固を疾《にく》むなりと。

これ又調子の変わった、佞から現代を考えさせられる一節であります。微生畝というのは隠者、即ちその時代にあきたらないで韜晦《とうかい》しておる人物の一人でありますが、それが孔子に対してこう言った。

「丘《きゅう》（孔子の名）さん、あなたはどうしてそんなに栖栖、――栖はすむという字、忙しい貌《さま》――せかせかと忙しく立ち廻るのであるか。結局は佞を為しておることにならないのか」と。

要するに、あなたも時代に迎合しておるのではないか、とこういう批評なのです。「乃ち佞を為すこと無からんや」の無はこの場合むしろと読んで、「むしろ佞を為すか」と言うた方がはるかに宜しい。

忙しく立ち廻ることがどうして佞を為すことになるか。

確かに佞人というものは忙しい。自由自在に迎合したり、或いは時流を煽動したりするのですから、どうしても忙しくなるのは当然であります。又そういう連中に限って自分も好んで立ち廻るものです。

ところがこれにあきたらぬような人は、一部の勇敢な人は別として、心中苦々しく思いながら、大抵は時代の表面に立って活動することを潔《いさぎよ》しとせずして、むしろ隠遁的・傍観的になりがちであります。その極端な例が現代の日本であります。

マスコミに躍らされるような人々は大体言わば佞人でありまして、それにあきたらない人々の多くは引っ込んでおります。こういう人々を引っ張り出して活用すれば、現代を救う上に大きな力となるのですけれども、一部の人々によって支配されておるマスコミはもちろん取り上げない。誠に惜しいことであります。

しかし孔子という人は違う。孔子は、今日の言葉で言えば、徹底した人道主義者でありますから、当時の隠者のようにあきたらざる心を懐いて、ただ腕組みをしてじっと見ておることができなかった。

如何に世に容《い》れられずとも、むしろ容れられなければ容れられぬほど、進んで世のため人のために正義を主張しよう、正しき道を明らかにしよう、というので生涯ああいう活動を勇敢に続けたのであります。それが隠者の微生畝には気にくわない。隠遁《いんとん》的・傍観的な人間から見れば、孔子のように時代の表面に立って活動する人物は甚だ面白くないわけです。

殊に微生畝という人は、本当の意味の超越的な隠者ではなくして、多分に懐疑的であり、時代に対して皮肉・冷笑を持っておる。隠者にもいろいろあって、論語を読んでも様々な隠者が出て参りますが、一切を超越し切った所謂隠者もあれば、ともすれば世の中を白眼視して、諷刺や皮肉を言って楽しむ隠者もある。微生畝などは後者の部類に属する人であります。

しかし諷刺や皮肉も、度が過ぎると、餘程上手にやらぬと、却って根性が卑しくみえる、仕様ことなしに隠者になっておるようにみえる。こういう隠者には狷介《けんかい》な（片意地な）人が多い。そういう性格の隠者である微生畝が孔子に対して、忙しく立ち廻るのは時代に媚《こ》びておるのではないか、何か欲しいのではないか、とこう言うのであります。

これに対して孔子は、「敢えて佞を為すに非ざるなり、固を疾《にく》むなり」、自分は時代に媚びておるのでも何でもない、ただ固、かたくな・頑固というものが嫌だからであると言われた。言い換えれば、人間はどこまでも人道的でなければならん、情がなければならん、今日の言葉で言えば、良い意味に於てどこまでも人間的でなければいかんということです。

子絶レ四。毋レ意、毋レ必、毋レ固、毋レ我。　（子罕）

子、四を絶つ。意毋《な》く、必毋く、固毋く、我毋し。

孔子は四つのことを絶たれた。私意・私心というものがなく、自分の考えで事を必する、即ち独断し専行することがなく、進歩的でかたくななところがなく、我を張らなかった。これは論語を読むほどの人で知らぬ者のない有名な言葉でありますが、殊に固・かたくなということは一番いけない。よく世間には、大変好い人なんだけれども、どうもかたくなでいけない、というような人がありますが、こういう人はともすれば、世の中を白眼視したり、他人のすること為すことに文句を言ったりするものであります。だから進歩がない。孔子もこの固ということを一番嫌《きら》ったようであります。

材を取る所無し

子曰、道不レ行、乗レ桴浮二于海一。従レ我者其由也與。子路聞レ之喜。子曰、由也、好レ勇過レ我。無レ所レ取レ材。（公冶長）

子曰く、道行はれず、桴《いかだ》に乗りて海に浮かばん。我に従はん者は、其れ由《ゆ》か。子路之を聞いて喜ぶ。子曰く、由や、勇を好むこと我に過ぎたり、材を取る所無し。

由は子路《しろ》の名前であります。孔子が言われた、「天下に道が行われない。いっそのこと筏《いかだ》に乗って海に浮かびたいと思う。その時自分に従って来る者は、まあ、由であろうか」と。孔子の感慨無量の言葉であります。徹底した人道主義者の孔子にして、こういう歎息があった、と言うよりも、否、それだけに一層その歎息が深かったわけである。

筏に乗って海に浮かぶとは、今日であれば、どこかに亡命したいとでも言うところでありましょう。然し亡命すると言っても、中国とか、ベトナムとかいった外国の、栄枯盛衰常ならぬ、易姓《えきせい》革命（王朝の交替）を繰り返して来たような国の人間ならば、これは大いに餘裕があるが、日本のような国で、こういう歴史を持ち、民族精神を持っておる人間は、到底亡命に耐えられない。

終戦後、私も幾度か親切な人から亡命をすすめられたことがある。アマゾンの友人もすすめてくれた。

なんでも、そこは、正に天地悠々で、滅多に人にお目にかかれない所為《せい》か、人間はみな人なつっこくて、ホタルでも、日本のような小さなものではない、本当に大きいもので、五、六匹もかごに入れて提《さ》げてゆけば、夜道でも森の中でもゆうに歩ける程明るい。幸いアマゾンのそこに自分の別荘があるから、しばらくその別荘で優游《ゆうゆう》自適、本でも読んで暮らしたらどうか、とまあ親切にすすめられて、大いに羨《うらや》ましくなったことがありますが、しかし到底それを実行することはできませんでした。

やはり今度の大戦後、オーストリアの作家シュテファン・ツヴァイクと言う人がブラジルへ亡命して、一躍有名になったことがある。

しかし結局彼は、自分が命をかけてきた祖国は――当時オーストリアはソ連に占領されて、その衛星国になっていた――全く自分と相容れぬ共産政権下に陥ってしまった。もう生き長らえて再び故国に帰るメドがなくなった。これでは亡命して生きておっても、何の楽しみもない、と言って自殺してしまった。

シュテファン・ツヴァイクにして然りであります。とても日本人のわれわれなど亡命に耐えられる筈がない。かりにお互いがブラジルなり、どこなりへ行ったとしても、志があり、情操があればあるほど、年寄りは年寄りなりに、若者は若者だけに、とてもそういう生活に馴染めるものではないと思う。やはり一番なつかしいのはこの故国日本であり、祖宗《そそう》の地である。

だから日本人は外国へ行くと弱い。私も外国を廻ってしばしば感じたことでありますが、到るところで意気地ない日本人に遇うた。そういう連中は殆ど神経衰弱です。これは当然のことで、幾千年来祖宗から受け継いできた美しい人情・風俗、風光明媚な国土は、外国に較べると、はるかに人間的でありまして、従って日本人は少しく故国を離れていると、みな神経衰弱になる。と言って自殺するほどの勇気もない。そこでくずれた変な人間になってしまう。

もししっかりした精神や情操を持った人であれば、やはり自殺するか、何か仕事をするか、そうでなければ自国に帰って、闘うより外はないと思う。少し道楽に、勝れた亡命者の文学書や哲学書を読んだことがありますが、ますますその感を深くしたことです。

さて本文に返って、孔子が、道が行われないので海に浮かびたいが、その時に自分に勇ましくついてくる者は、恐らく子路であろう、と言われたものですから、それを聞いた子路は喜んだ。

すると孔子は、「子路や、お前は勇を好む事についてはわし以上だが、どうも餘り素朴で、道具にならん、使いものにならん」とこう言われた。つまり最初は勇敢についてくるが、すぐ悲鳴を上げるのはお前ではないのか、と言う孔子の評であります。

「材を取る所無し」については、筏の材料を取るところがないなどという風にいろいろ解釈がありますが、只今のような解釈は一般の解説書には書いていない。太平の先生というものはそういうことを考えないものです。然し西洋の哲学や文学を少し道楽したものから言うならば、別にむつかしい解釈ではない。亡命というものは、細やかな心情を持って、自分の内面生活に生きられるような人には、持ちこたえられるが、ただ本能的な勇気・気概というものだけでは、却ってもろいものである。だから只今のようにそう解釈して少しも誤りではない、と私は思う。

そういう風に『論語』というものは、現代の世の中、又現代の諸国、或いは哲学や文芸というようなものに、いろいろ思いを馳せることができる。そうして論語は、最も古くして且つ新しい本だと思う。と同時にまだまだ自分は本当に論語が読めておらなかったなあ、としみじみ感ずるのである。

都知事問題は何を意味するか

昨晩も時局に関連して、いろいろ責任ある当局の中堅の人達と懇談したのでありますが、その時話題になりましたいくつかの問題を、みなさんにもご参考になると思いますので、ご紹介しておきましょう。

先ず時局に関して最も関心を集めておる問題の一つは、何と言っても東京都知事候補の問題です。ご承知のようにこのたび、警視総監をやめられて都知事候補に懇請されていた秦野さんが、こういう地位の人には珍しく歯切れのよい啖呵《たんか》を切って、立候補を断りました。再び受けられるかどうかは別として（秦野氏はその後受諾されて、今度の都知事選に出馬されております）そのために当局は勿論、心ある人々に大変な衝撃を与えております。

しかしこの問題は今に始まったことではないのでありまして、もう昨年の今頃あたりからかなり熱心に論議されておったことである。いや、すでにその前の美濃部知事の第一回の選挙の時に十分経験され、論議された問題です。あの時自民党は、ああでもないこうでもないで、最後まで決められず、結局土壇場《どたんば》になって、民社党の候補であった松下正寿さんを推薦致しました。

いやしくも一国の代表的な保守党が、その国の首都の知事選挙に党独自の候補者がなくて、他党の候補に便乗《びんじょう》するなどということは、政治史上類のない、醜態極まりないことである。その候補者がずば抜けて優秀な、万人の認める人で、あの人が出るのならわが党も一切の行きがかりを捨てて、これを推戴《すいたい》し、援助しよう、というのであれば実に立派で、それこそ本当の公党である。しかしそうではなくて、これと思う候補者が見つからないので、仕方なく便乗したのですから、これはお話にならない。

そこで次回の選挙には、早く立派な候補者を立てて臨《のぞ》もう、というのが自民党を始め心ある人々の願いであった。にもかかわらず、次の選挙がもう来年という今ごろになって、前の時と同じように候補者が決まらない。一日も早く決定しなければならぬ、と言うので、もう去年の七月頃から各界の代表が集まって検討し、議論し、私なども引っぱり出されて、或る人のところへ意向を打診に行ったこともあるくらいですが、その後一年経って、まだ決まらない。これはなんとも沙汰の限りと言う外はない。この頃では外国から来ておる特派員でも、みな首をひねっておる。てんやわんやで何も決まらぬのみならず、あの人ならばという人が誰一人立たない、又立てられない。そういうことは常識で考えてあり得ることか、と思うのでありますが、現実に日本にあるのです。

これは一体何を意味するのであろうか。集まると話題にして、雑談をするけれども、真剣に物事を考えようとしないからである。都知事選挙のような大きな問題にして、こういう有様であるから、まだまだ外に、なんら解決することなく、うやむやに放置されておる問題がたくさんあるに相違ない。しかしこれはいずれ日本に一つの結論をもたらすであろう。平たく言うならば、こんなことで今後日本はどうなるか、必ず遠からざる将来に於て大変なことになるのではないか、このように世界の心ある人々は日本を観察し、又心配してくれておるのであります。

これは皆さんにただ時局の問題としてゴシップの種を提供するのではありません。ゴシップの種は外にいくらでもある。いやしくも学問をする者は、時局だの、政治だの、というものに対してもっと真剣に考えなければならぬ、と思うからであります。これこそ論語の活きた応用である。前にも申しました様に、論語は一名、論語と言い、又輪語・円珠経と言われる所以もそこにある。

利は智をして昏からしむ

第二の問題は、今日の日本の経済に対する不安であります。

つい昨日までは、日本の経済の驚異的な発展は世界の奇蹟であるとか、GNP（国民総生産）がアメリカ・西ドイツに接近してきたとか、などと言われて随分外国からも礼讃され、謳歌されてきたのでありますが、しかし昨今になっていつの間にか、その讃美が変わってきて、日本人は以ての外のエコノミック・アニマルであると言われる様になり、挙句《あげく》の果てはそれに加えて、エロティック・アニマルなどという甚だ芳しからざる汚名まで浴びる様になった。

そうしてこの夏頃から、外国の批評ではなくて、日本の国内から、日本経済に対する不安や、憂鬱な見込みがささやかれるようになり、今まで大言壮語して自慢しておったのが、急に顔色を変えてあわて出した。

これは一体どうしたことであるか。形は違うが、要するに都知事の問題と同じことであります。私は経済は専門ではないし、特に研究もしておりません。従って私の言うことは常識に過ぎない。けれども日常経済界の人達や、或いは経済に関する諸問題のエキスパートといった人達としじゅう会合などで同席して、否でも応でも耳にしたり、又意見を請《こ》われたりするものですから、自然と経済の問題も考えさせられるわけでありまして、その点から率直に言うならば、答案はちゃんと『論語』や四書五経の中に書かれてある。

書物を読んでも、すぐ実社会の問題に結びつかないような読み方は駄目でありまして、こういうのを死学問・死読と言う。われわれはすべからく活学・活読でなければならん。又本当に自分の思索とか、体験とかいうものが生きておれば、自ずから現実の問題に結びつく筈でありまして、今日の経済問題も、その点から言えば決して珍しいことではない。もうわかり切ったことである。

例えば、この講座でもお話したことがあります『史記』列伝の中に、

「利は智をして昏《くら》からしむ」。（史記）

と言う名言がある。それは利というものは、目先のものであり、官能的なものだからである。言い換えれば利は枝葉末節のものである。だから単にそれだけに捉えられておると、人間は馬鹿になってしまう。

実際この言葉の通りでありまして、それだからこそ人間はみな利益を追うてやまぬけれども、成功する者が少なくて、むしろ失敗したり、罪をつくったりする者の方が多いのである。又自分では成功したつもりでおっても、案外まぐれ当たりが多いのである。『左伝』には、

「義は利の本《もと》なり」。（左伝昭公）

とか、或いは、

「利は義の和なり」。　　（左伝襄公）

とかいうようなことも言われてある。

が、考えてみれば、これはわかりきったことですね。資源が豊富で、資力の蓄積が十分行われておって、且つ経営が堅実になされておれば、景気などというものは大した問題ではない。

ところが日本は、幸か不幸か資源がほとんどない。みな外国から輸入しなければならん。昨今では食料のような生活必需品から始まって、贅沢品に至るまで、ほとんど外国に仰いでおる状態である。そうしてその輸入した原料で製造し、加工して、今度はそれを輸出して、利益を上げておるのです。

従って資源の貧弱なものが無闇に生産や輸出を盛んにしようとすれば、ますます資材が足りなくなるから、それだけ又材料を輸入しなければならない、又財力も必要になってくる。

この頃事業家などの話を聞いておると、事業家や商社はその材料の購入に苦労して、まるで屑屋同様の事をやっておる。もうあちらこちら頭を下げて、例えば非鉄金属の一例をとっても、わずか一トン、半トンの材料を、あそこ、ここと、方々から買い集めておる状態だそうであります。だから相手方に足元を見られて、ますます値段を吊り上げられ、その上いろいろと注文をつけられる。

ところがそういう風に苦労して買い集めて来た材料で、製造し、加工すると、今度はそれを売るために苦労しなければならん。競争が激しくなると、場合によっては出血受注しなければならん。甚だしきに至っては、ダンピングというようなことにもなりかねない。そうすると相手にすれば、もっとたたいてやれということになる。だから買う時にいじめられ、売る時にたたかれて、いよいよ出血受注、過当競争が激しくなる。

しかも国防的・兵学的に日本は誠に不利な立場にある。

昨日今日の新聞によると、マラッカ海峡をこのままにして置けば、大型のタンカーなど危なくて通れなくなるから、浚渫《しゅんせつ》するとか何とかして、整備しなければならぬ、と言うので関係各国が集まって会議を開くことになり、日本もそれに参加するとのことであります。しかしこれが整備するとか、何とか言うておるうちはまだ宜しい。若し一たび戦争でも勃発すればどうなるか。かりにスエズのように閉鎖でもされれば、日本の経済はそれだけでも大混乱に陥ってしまう。

そういうことは初めからわかっておることである。経済が繁栄すれば、やがて必ずこの問題にぶつかるのです。選挙があるのがわかっておりながら、都知事の候補が決まらぬのと少しも変わらないのでありまして、繁栄繁栄と有頂天になって一向賢明な対策を立てようともせず、その日その日の競争をやっておるから、こういう事になる。

現に労働組合の賃上げ問題にしてもそうです。毎年毎年争議をやって賃上げ要求をやるが、事業家はこれに対して何の解決策も施そうとしない。その結果は益々インフレを助長するばかりで、このままでゆくと、否でも応でも生産・貿易を倍加しなければ、数年の内にはまかなえなくなると言う。言い換えれば、それはむしろ日本経済の崩壊現象に外ならない。

しかし、それでは一体、日本経済の明日はどうなるかということになると、端的に言って、みなわからない、思案投げ首と言ったところであります。これは本気になって考えようとしないからである。それどころか真実の言葉に耳を塞いで、却ってむきになってそれを批判しようとする。丁度癌患者が、〝お前は癌の三期だ〟と言われて青くなり、逆にその医者を恨んだりするのと同じことであります。そういう経済の問題に対しても、論語にはいろいろと警告されておる。これが第二に挙げなければならない、切実な今日の問題の一つです。

物事は時が来れば変ずる

もう一つ、と言っても餘り憂鬱な話題ばかりでは面白くありませんから、少しユーモアの含まった、然し大変重大なお話を致しましょう。

もう先月になりますか、マリー・クァントと言う有名なデザイナー――みなさんもご承知でしょう、この人がミニ・スカートを発明した――が毎日新聞に寄稿した中に、こういう面白い意見を発表しておる。

「自分の発明したミニ・スカートが意外にも世界に流行して、デザイン料も莫大なもの（事実何億とあったらしい）、というので随分羨まれておるようだが、実はあのミニ・スカートは、世の貴族や富豪といった少数のブルジョア婦人の享楽のために作ってきた在来の服飾に対して、自分は娘の頃から反感を持っていて、それが原因で、何か思い切った型破りのものはないものか、ということでいろいろ工夫した結果生まれたものである。

そうして幸いに大当たりをとったが、然し実を言うと、もう自分はつくづくミニ・スカートが嫌になった。といって、さてこれをどうすればよいか、ということになるとさっぱり自分にもわからないので、どうか大方の教えを乞うものである」と言うのであります。

私も教えてやりたいとは思うのですが、こればかりは『論語』や『孟子』にも書いておらぬし、第一、私自身何もわからない。しかしなるほど言われてみると、短くし過ぎたから少し下ろす、などというのでは大した意味があるとも思われない。ひざを付けたらどうかと言う説もあるそうですが、これ又、餘り変わりばえがするとも思われない。確かに教えてくれと言うだけあって、そう簡単なものではなさそうです。

けれども、私はただ単にミニ・スカートというものに興味を持ったわけではない。それは論語にも書いてあるが、人間の事・世の中の事というものは、時が来れば自ずから変ぜざるを得ない、ということをしみじみ感じさせられるからである。あれだけ流行したミニ・スカートも、やはり例外ではないということです。すでにもうその実例が表明されておる。

と言うのはこの間、新日鉄社長の稲山さん達と食卓を囲んで雑談に耽《ふけ》っておりました時に、私がミニ・スカートの話を致しましたところ、〝いや、それなら私のところでも已に始まっていますよ〟、と言って稲山さんがこういう話をしておられました。

それは万博の鉄鋼館のホステスを何人か選抜した時に、服装を一定して支給しなければならないので、いろいろデザイナーに依嘱して研究して貰うこともさることながら、一応当人達の好みを聞いたら、と言うことで十人か二十人のホステス達の意見を聞いたのだそうです。

ところが意外なことにスカートに関する限り、全員ミニではなくてそろってロングを要求してきた。こちらはミニのつもりでおったので少々困ったが、結局くじ引きでミニとロングを半々にわけて支給したと言う。だからマリー・クァントの考えや感じは、意識するとせざるとにかかわらず女達はみな持っておるのです。

これは何もミニ・スカートに限らない。丁度マリー・クァントの記事を読む少し前でしたが、私のところへ或る週刊誌の記者が久し振りに訪ねてきた。それで〝随分久し振りだね〟と言ったところ、〝いや、実は先生は週刊誌などというものを憎んでおられると思って、どうも恥ずかしくて……〟と言う。

そこで〝それなら何故やっておるんだ〟と問うと、〝人間というものは妙なもので、なかなか先生のおっしゃるようにはゆきません。それで自分もやっておるのですが、しかし実を言うと、私はこの頃つくづく週刊誌というものが嫌になりました。と言って今更逃げ出すわけにもゆかんので、この週刊誌を何とかしよう、とあれこれ考えるのですが、どうもよい智恵が浮かびません。そこで、これなら先生もご相談にのってくれるだろう、と考えてお伺いしました〟という答えであります。

それと前後してこういうこともありました。或る代議士の秘書を長年やっておった人物がこれ又久し振りに訪ねてきて、〝実は自分も政治家になろう、と思って長年秘書になって、そのための勉強もし、又議会にも精進してきたつもりだが、この頃はもう、選挙だの、代議士だのというものが本当に嫌になって、自分で打って出ようなどという気持ちは全然無くなってしまいました〟とこう申しておりました。

まあ、そういうことを聞かされた後で、マリー・クァントの記事を読んだものだから、一層私の興味を惹いたわけでありますが、考えてみると、どれもみな活学の材料ならざるはない。論語を読んでも、すぐそういう風に自分の生活、自分の精神に活きてこなければ、本当に論語を読んだとは言えない。

先ず自らを知ることが肝腎

子曰、不ㇾ患㆔人之不㆓己知㆒、患㆓己不㆒ㇾ知ㇾ人也。

（學而）

子曰く、人の己を知らざるを患《うれ》へず、己、人を知らざるを患ふ。

唐代の名高い陸徳明の『経典釈文《けいてんしゃくもん》』によると、「己、人を知らざるを患ふ」の人がない、つまり「己、知らざるを患ふるなり」となっておる。けれども解釈は人の有無にかかわらず、「人が自分を知ってくれないということはどうでもよい、そもそも自分が人を知らないことが問題である」と言うのが昔からの通説になっておる。

しかしどうも私はこの頃になって、その解釈にあきたらなくなってきた。

なるほど、人を知らないことが問題だ、という解釈も決して悪い解釈ではない、むしろその方が一般にわかり易いかも知れぬけれども、もっとつっこんで考えると、「人が己を知ってくれようがくれまいが問題ではない、そもそも己が己を知らないことの方が問題だ」と解釈した方が、もっと私には切実に感じられる。

と言うのは案外人間というものは自分自身を知らぬものだからであります。自分が自分を知らないのであるから、人が自分を知らないのは当然である。従って、問題は、先ず己が己を知ることでなければならぬということになる。

もっともこういう解釈はこの年になって初めて考えたわけではありません。若い時にも考え、又それを人に講じたこともある。けれども若い時のそれは、所謂『論語』の研究というもので、どうも知識が主になって、本にはこう書いてあるが、この方がむしろ当たっておると言った調子で、自分の批評なり、解釈なりに誇りを持つようなところがあった。

しかしもうこの年になると、そういう色気がなくなってしまって、沁々《しみじみ》自分自身そう思うようになってきました。本当に人間というものは幾歳になっても、自分というものが一番わからんものであります。

いつかこの講座で楠木正成の話をしたことがあります。或る時正成が奈良街道を歩いておって、偶然一人の僧と道連れになった。だんだん話をしておるうちに、突然僧が、〝あなたは何と言うお方ですか〟と訊くので、〝自分は楠木多聞兵衛正成です〟と答えたところ、しばらくして僧が〝楠木多聞兵衛正成〟と呼んだ。

自分の名前を呼ばれたので、〝はい〟と返事をしたら、〝それは何ですか〟と質問してきた。正成はぐっとつまって答えることができない。それが契機となって正成は学問をするようになったという逸話であります。

餘りうますぎる話なので、本当にあったことかどうかは疑わしいけれども、己を知らざることの例話として実に面白いと思う。大切なことは先ず自分が自分を知るということである。そこに気がつけば、人のことなど苦にならなくなる。学而篇のこの一章はそれを教えておると私には思われる。

自己の生地・素質を生かす

子夏問曰、巧笑倩兮、美目盼兮、素以爲ㇾ絢兮、何謂也。子曰、繪事後ㇾ素。曰禮後乎。子曰、起ㇾ予者商也、始可㆓與言㆒ㇾ詩已矣。（八佾）

子夏問うて曰く、巧笑倩《せん》たり、美目盼《はん》たり。素以て絢《けん》を為すとは、何の謂《い》ひぞや。子曰く、絵事は素を後にすと。曰く、礼は後か。子曰く、予を起す者は商なり。始めて与に詩を言ふべきのみ。

子夏が、「笑うとエクボが出て何とも言えぬ愛嬌があり、目元がぱっちりとして美しく、白い素肌にうっすらと白粉を刷《は》いて益々美しい」、と言うのはどういう意味ですかと尋ねた。

始めの二句は『詩経』衛風《えいふう》の中にある。衛国の荘姜《そうきょう》という美婦人を評したもので、後の一句は今の詩経に伝わっていない。素絢《そけん》（白いあやぎぬ）という熟語がありますが、素は色で言えば白です。赤・青・黄と様々な色があるけれども、つきつめてゆけば最後は白になる。化粧も結局はこの白色の使い方である。

そこで孔子は、「絵画では一番最後に白い絵具《えのぐ》で仕上げをするものだ」と言われた。「素を後にす」は、「素より後にす」と読んで、素を素質、即ち忠信の意味とする説もありますが、これはどちらでもよい。問題は白だということです。

装飾文化に限らず、何事に徹しても素を出すことが大事である。これが素以て絢と為す、ということです。大塩中斎は後素と号しておりますが、味わってみると面白い。

又『中庸』には、「君子は其の位に素して行ひ、其の外を願はず。富貴に素しては富貴に行ひ、貧賤に素しては貧賤に行ひ、夷狄《いてき》に素しては夷狄に行ひ、患難に素しては患難に行ふ。君子は入るとして自得せざる無し」。

即ち君子というものは、自分の地位・存在する所に基づいて為すべきことを為し、その分に安んじて外のことを求めない、と言うておる。これも同じ意味の素でありましょう。

結局人間の美というものはその人間の素、生地《きじ》にある。性質から言えば素地・素質にある。これを磨き出すことが一番であります。

絵画は、いろいろの色彩の絵具を使うけれども、最後はやっぱり素、いかに生地を出すかということに苦心する。そのために白を使う。人間も同じことで、いろいろのものをつけ加えるということではなくて、その人間の素質を生々《いきいき》と出すようにするのである。と言っても持って生まれたものをそのまま醜くむき出しにするのではない、美しく映えるように磨き出すのである。

学問も教養も、修養も信仰も、すべて持って生まれた素質・生地を磨き出すのでなければ本物ではない。又それでなければつくりものになって、活きてこない。ところが大抵はごたごたと塗りたくったり、飾り立てたりして、本人の生地・素質はどこかへ隠れてしまっておる。

最もよい例はこの頃の化粧です。折角の目を青くしたり、まゆ毛をくっつけたり、その上似合いもしない毒々しい色彩の服を着込んだりして、文字通り妖《よう》そのものの恰好をしたのがたくさんおる。

これは大きな錯覚で、誰が見てもおかしいが、しかし、それを手放しで笑うことはできない。好い年をした相当立派な教養あるべき男でも、むりやりに金だの、地位だの、名誉だの、というものを欲しがって、「沐猴《もっこう》にして冠す」と言うけれども、一向自分の生地は何も無いのに、猿が冠をかぶったような人間が多いのです。これは自分の空虚を扮飾《ふんしょく》しようというとんでもない錯覚である。つまり己が己を知らざるからである。

易に山火賁《ひ》という卦がある。賁はかざるである、と同時にやぶるの意味がある。人類・民族の一番の飾りは文明・文化であるが、これがひっくり返ると、人類・民族はやぶれる、破滅する。賁に忄偏をつけると憤になるが、これも或る意味では発憤になって大事だけれども、まかり間違って単なる腹立ちになると、ろくなことはない。健康に一番悪いのは、私心私欲で腹を立てることである。

これも前にお話したことでありますが、アメリカの科学者の実験によると、腹を立てて人を傷つけたり、殺したりした人間の息を冷却すると、液化して毒々しい栗色のかすとなり、それをモルモットに与えたら頓死した。しかもその毒性はアメリカの薬局法による在来の如何なる毒薬よりも猛毒であった、ということが証明されておる。

従って私心私欲で腹を立てるくらい悪いことはない。その意味で、素絢は素賁と言うてもよい。例えば頭が白くなるのは白賁《はくひ》で、これも確かによいことである。と言っても髪ばかり白くても駄目である、中味もそれに伴って白賁にならなければいけない。

これを聞いて子夏曰く、「礼は後か」、人間は真心が本で、礼は白粉と同じように後仕上げでしょうかと言った。すると孔子はこう言われた、「自分を啓発してくれる者は商（子夏）である。商の如き人間にして初めて共に詩を語ることができる」と。

仁者であればこそ人を悪む

子曰、惟仁者能好レ人、能悪レ人。（里仁）

子曰く、惟《た》だ仁者のみ能《よ》く人を好み、能く人を悪《にく》む。

仁者は人を好むが、人を悪むことがない、と思うのが普通でありますが、決してそうではない。仁者というものは最も真実の人であるから、仁者こそ間違いなく善い人を善いとし、悪い人を悪いとする。確かにこれは真実であります。ところがその次に一見反対のことが書いてある。

子曰、苟志㆓於仁㆒矣、無㆑悪也。　（里仁）

子曰く、苟《いやしく》も仁に志せば、悪むこと無きなり。

普通は悪むをあしきと読んで、いやしくも仁に志せば、悪いことはなくなる、と解釈しておる。けれどもこの場合はにくむと読んで、しりぞける・拒否する、即ちいやしくも仁に志せば、人の言う事を、あれもいけない、これもいけない、という風にしりぞけることをしなくなる、と解釈する方がよいと私は思う。

仁はいろいろの意味に用いられておりますが、最もよく『論語』に出てくるのは、天地が万物を生成化育《かいく》するように、われわれが事物に対して、どこ迄もよくあれかしと祈る温かい心・尽くす心を指す場合である。従って兎にも角にもその仁に志す様になれば、何事によらずその物と一つになって、その物を育ててゆく気持ちが起こってくる。

だから好き嫌いが激しいというのは、要するにまだ利己的でけちな証拠である。少し大人になると、自然に何事にも好意が持てる様になる。

幕末、鹿児島に貧乏暮らしの変わり者がおった。或る冬の寒い晩に一人の泥棒が忍び込んだが、目ぼしいものは何一つない。泥棒もあきれてうろうろしておると、いきなり暗闇の中から、〝おいっ！〟と声がかかった。びっくりして飛び出そうとしたら、〝待て待て、逃げなくてもよい。それにしても泥棒も大変だなあ、この寒いのに……〟と言われたものだから、泥棒もびっくりして思わず尻餅をついて、お辞《じ》宜《ぎ》をしたという話がある。正に悪むことなきなりです。そういう気持ちになれば、世の中に腹の立つことはなくなる。

私なども昔はよく、あいつはけしからんとか、頭が良いとか、と随分人のことが苦になったが、この頃は全くそういう気持ちがなくなって、悪いことをやったなどと聞くと、もう少し気の利いたことができんものかなあ、と反対に同情ができるようになった。

この間も、遠慮の無い家の母娘に遇いましたが、結婚の話が出て、お母さんは〝何分家の娘は不器量で……〟と言って盛んに歎くのです。然しどんな不器量な女でも、自分が不器量だと思っておる者は先ずない。どこかに必ず取り得《え》を発見しておる。所謂自ら恃《たの》むところがある。

これは天地が人間に与えておる取り得、つまり仁である。仁は果物で言えば種であり、胚《はい》です。だから〝自分は不器量だ〟と言うのに合槌を打って、〝そうですね〟とでも言おうものなら、大変なことになる。

同様に〝俺は馬鹿だ〟とよく言うが、あれも一つの自慢であって、どんな馬鹿でも馬鹿は馬鹿なりに、自分に一つの取り得を持っておる。又確かにあるものです。「鬼も十八、蛇も二十《はたち》」と言うて、娘ならば、愛嬌がよいとか、何とか、と必ず何か美徳がある。それを褒めるのです。不器量だと言うので慰めるつもりで、〝どうしてどうしてお嬢さんは美人ですよ〟などと褒めると、却って相手を辱《はずかし》めることになる。

だから私もその母娘に〝いやいや、女は器量よりも気立てですよ。気立てさえよければ、必ず人はよい感じを受けて、良縁がありますよ〟と言って慰めた。こう言えば母親も娘も大いに救われる。これが仁というものです。論語のお蔭か、年のせいか、私もこの頃そういうことが言えるようになった。と言ってもいつもにやにやしておれと言うのではない。時には怒ったり、どなったりすることもあってよいと思う。

感激を失った民族は衰退する

子謂二子産一、有二君子之道四一焉。其行レ己也恭、其事レ上也敬、其養レ民也恵、其使レ民也義。（公冶長）

子、子産を謂ふ、君子の道に四有り。其の己を行ふや恭、其の上に事ふるや敬、其の民を養ふや恵、其の民を使ふや義と。

滅多に人を褒めない孔子が大層子産を褒めておる。子産とは春秋時代の鄭の国の名宰相・公孫僑のことで、彼については『春秋左伝』に細々と語られておりますが、私も最も好きな、又深い敬意を感ずる一人であります。『史記』によると、孔子は彼の亡くなったのを聞いて泣いておる。私はこれを読んで本当に感動した。日本でも昔の人はよく泣いております。今度、明治神宮から明治天皇御鎮座五十年を記念して、「明治天皇詔勅謹解」が出版されることになり、私もそれに関係しているので、いろいろ明治に関する文献を点検したのでありますが、そのうち一つ気がついたことは、明治の人達、と言っても詔勅に関係ある人達ですから、当代一流の人物ばかりでありますが、みなよく泣いておるということです。

年寄りが泣くのであればまだわかりますが、若いのが泣いておる。

橋本左内《さない》の『啓発録』を読むと、これは左内が十四歳の時に書いたものでありますが、夜、四書を勉強して寝床にはいり、どうして自分はこんなに勉強ができないのだろう、と夜具に顔を埋めて泣いたと告白しておる。

日清・日露戦争当時の軍人や大臣といった人達でもそうです。日本海々戦に勝ったと言っては泣き、つらい任務を引受けてくれると言っては泣き、それも相抱いて、おいおい泣いておる。

例えば日露戦争の時、国際借款のために代表をアメリカやイギリス等の諸国へ派遣することになり、その白羽の矢が後に二・二六事件の時に射殺された高橋是清蔵相に立てられた。

そして築地のトンボという料亭に桂さんを始め重臣達が集まって、高橋さんに命じたのですが、高橋さんは、〝とても自分にはその能力も自信もない〟と言って百方辞退する。けれども聞き容れてくれない。とうとう引受けざるを得なくなって、〝承知しました〟ということになった時、桂さん以下皆〝ああ、よかった、引受けてくれるか〟とやっぱり相抱いて泣いておる。

その時、銚子《ちょうし》を持って部屋にはいろうとした十五、六の女中がおったが、餘りみなが泣いておるのでびっくりして引っ込んでしまった。この女中が後にトンボの女将《おかみ》になり、私が知った時はもう相当なお婆さんでしたが、その時の有様を私も直接本人から聞いたことがある。今度明治の事を調べておるうちに、はしなくもその記録にお目にかかり、料亭の女将の話を思い出したわけであります。

兎に角昔はよく泣いておる。天下国家を論じては泣き、書を読んでは泣いておる。ところが後世になるほど泣かなくなってしまった。そういう感激性がなくなってしまった。

これは一面から言えば、民族精神の悲しむべき衰退に外ならない。卑屈な利害・打算、私利・私欲にのみ走って、最も人間らしい天下・国家、仁義・道徳、情緒・情操、感激性溢れる行動、そういったものを失った民族は衰退しておる証拠である。衰退は最悪の場合には滅亡に通じる。

今、アジアの国々から様々な人間が日本にやって参りますが、そういう人達に会ってひそかに考えさせられることは、彼等は明治の歴史をつくった日本民族というものに大きな憧憬《どうけい》を持っておるという事です。従って今度の大東亜戦争に対しても、日本人は一様に、悪い戦争をした、けしからん、と卑屈なことばかり言うておるが、彼等は決して、そうではない。

勿論そういう非難もあるけれども、その反面、この微々たる一島国の日本民族が世界を相手にして、ああいう華々しい戦争をした、と感激しておるのです。彼等は、われわれ日本民族を、道義とか、国家とか、いったものに対しては命も惜しまない、熱烈な精神を持った民族だと思うておる。それだけ今の彼等には感激性があるわけです。

この間、池田純久氏が亡くなりました。もともと軍人でありますが、軍事よりもむしろ行政面で活躍した人で、戦後エチオピアへ顧問として聘《へい》せられた。私はその時の話を聞いたことがありますが、何でもアジスアベバの宮殿に行ったところ、玄関に恐ろしく巨大なライオンがいるのでびっくりすると、出迎えの宮廷役人がやって来て〝王のペットです。よく狃《な》れておりますからご心配なく……〟と言って頭をなでたり、口へ手を入れたりするが、何もしない。池田さんも感心して、〝名前は何と言うのですか〟と尋ねたら、〝トウジョウです〟と言う。それで心中、ああ、東条さんも気の毒に、戦争に負けると、ライオンの名前にまでなり下がったか、と同情しながら中へはいったそうです。

そうして皇帝と雑談をしておるうちに先程のライオンのことを思い出したので、〝トウジョウとは日本の東条大将のことですか〟とお尋ねしてみた。すると皇帝は

〝勿論そうです〟と言ってこうおっしゃったそうです。

〝私は心から東条さんを尊敬しています。何と言ってもあの眇《びょう》たる島国の日本を率いて、世界を相手にあれだけ戦ったのですから、東条さんは世界第一の英雄です。だからその尊敬する英雄の名前をライオンにつけておるのです〟と。

これを聞いて池田さんも胸がすっとしたと言っておりましたが、こういう感激性と言うか、男らしい情熱のある時は、必ずその国家・民族は勃興する。反対に無い時は衰退する。

近頃、東京の知識階級の間に衰亡史といった本が盛んに読まれている。中でも一番評判になっておるのは、明治時代に時事通信社から出た『英国衰亡史』という薄っぺらな本です。この本については私が戦争直前ヨーロッパ旅行から帰って書いた、『世界の旅』という随筆の中にくわしく紹介しておきましたが、いずれにしてもこういうものが好んで読まれるというのは、日本もそういう風になるのではないか、ということを暗々裡に感じておるからではないか、と私は思わざるを得ない。甚だ嬉しくない話だけれども、事実昨今の日本は確かに不吉であります。

これをどういう風に導いてゆくか。そういうことを考えて『論語』を読めば、本当に論語は活きてくる、又一生の友達になれる。そうして論語というものは何べん読んでも、実は一向読めておらなかったということを、「論語読みの論語知らず」であるということを、しみじみと感じるに違いない。

中庸章句

一　序論——変わらざる進歩向上の原理

歴史と哲学を学ばなければ現代はわからない

この講座は、古典や漢学の研究をするというよりは、歴史と哲学に基づいて、活きた時局、時代を解釈し、認識するために、又それに即してわれわれの根本的な教養、確信を養わんがために、始まったわけでありまして、従ってわれわれは常にこの現実、時勢というものを考察しつつ本を読む、という態度が大事であります。

特に今日のような複雑多難な時局になって参りますと、単なる表面的なニュースやレポートといったものでは、ほとんど見通しも立たなければ、解釈もつかない。やはり広く且《か》つ深く歴史と哲学を学ばなければ、本当のことはわからないのでありますす。

例えば今、問題の対中共関係や対米関係の問題にしても、又米中関係はどうなるかというような問題にしても、新聞記事などから考えておったのでは、ますます混乱・混迷するだけで、到底本当のことはわかりません。況《いわ》んや今日はもう武力戦の時代ではなくて、政治戦の時代であります。

これについてはすでに何回か論評致しましたので、みなさんもよくご承知のことと存じますが、それだけに国と国との間は至極複雑・広汎になっておりまして、昔のように単純に動けない。又とりとめのないニュースなどではわからない。

ところが『六韜三略《りくとうさんりゃく》』『孫子』『呉子』というような戦略・戦術の、原典というか、古典を読んでみると、もうはっきり答えが書かれてある。古典を読むと、現代がはっきりするのです。古典は決して単なる古典ではなくて、現代の活きた注釈になる。現代において古典の出版や研究が盛んに行われておるのも、所以《ゆえん》はそこにあるわけです。しかし或る程度の教養がないと、それをこなすことが難しい、本当の解釈がつかない。

今日の混乱・頽廃は教養の貧弱に原因するか

数年前、経済同友会でありましたか、パリの有力財界人達がウイーク・デーをどういうふうに使っておるか、ということについて調査をしたことがあります。そうすると多数の回答が寄せられたが、驚いたことにその殆《ほとん》どが、ウイーク・デーの半分は自宅で夜を過ごしておる。つまり家で晩餐を摂《と》って、自分の自由時間にしておるわけです。

そうしてその自由時間を何に使っておるかと言うと、数字は忘れましたが、過半数がギリシャやローマの古典、或いはフランスのモラリスト（道徳などを説く人たち）の著書、といったものを専ら読んでおる。日本の財界人の大方が宴会と遊戯に使っておるのと較《くら》べると、全く違う。これは大いに考えなければならぬ、というので一時大層話題になっておりました。

一般に日本の指導階級の教養の貧弱ということが現代日本の弱点になっておることは否《いな》めない事実でありますが、これは指導階級ばかりではありません。学生までも教養が甚《はなは》だ乏しくなっておる。そこで混乱と頽廃《たいはい》が日に進むばかりで、前大戦の後であれば、もうとっくに消滅しておる筈《はず》のナンセンスなデカダン（ばかばかしいほどの不健康さ）、或いは過激な革命運動というようなものが、盛んに流行するのです。昨今の赤軍派だの、革マル派だの、といった連中のやっておることを見ましても、全くナンセンスでありまして、凡《およ》そ革命運動などと言うものではない。こういうものを脱却しない限り、本当の時代が生まれて来ない。結局これも教養の問題であると結論して宜しい。

先程申しました中共問題にしても、今、行われておるようなことが、果してどれだけ正しいか、又意義があるか、というようなことになりますと、殆んど一般の人にはわからない。わかるためには相当程度の教養と見識とを要する。新聞や雑誌等をいくら読んでも、頭が混乱するばかりであります。

やはり真剣に、中国ならば中国の歴史、又その間に生まれておる権威ある古典、それも種類・範囲を相当広げて読んでおらなければ、時局の解釈はできません。そこに今の日本の政界・財界、或いはマスコミ界が権威がなく、混迷する一番痛い理由があるわけであります。そこへゆくとヨーロッパの方が――アメリカになると、ちと劣りますけれども――却《かえ》って見識のある、適切な批評・評論が多い。ということは結局彼等にそれだけの教養があるからであります。

『ひよわな花・日本』

これは対外問題ばかりではありません。対内問題、日本自体についてもそうです。昨今は日本に対する評価・評論が、つい二、三年前のハーマン・カーンなどの時代と大分変わって参りまして、日本というものを改めて見直そうという、つまり良い意味ではなくて、日本は思っておったような国ではない、本質的に弱点を持った、これから先どうなるかわからぬ警戒すべき国である、というふうな観察・忠言が多くなって参りました。日本の出版界にもたくさん出ております。

例えば一番新しいところでは、ポーランド系のアメリカ人で、ズビグネフ・ブレジンスキーという国際政治学者の書いた、The Fragile Blossom-Crisis and Change in Japan『ひよわな花・日本』という書物があります。

つまり日本という国は、きれいに咲いているように見えて、実ははかない、もろい花だ、というわけであります。勿論《もちろん》外国人のことでありますから、いささか上っすべりした感じもあり、見当外れのところもありますけれども、なかなか鋭く問題の核心をついており、烱眼《けいがん》な評論も随所にひらめいておる。誠に辛辣《しんらつ》な本でありまして、皆さん方がお読みになって必ず参考になる本です。

今までは、日本に対する外国の評論と言うと、ハーマン・カーンのように、或いは経済の大国であるとか、二十一世紀は日本の世界であるとかというような礼讃が大層多かったのでありますが、それがむしろ主流をなしておったのでありますが、いつの間にかそういう見方は跡形もなく去ってしまって、今や本当に深刻で辛辣な批評が多くなっております。

それは結局、日本の繁栄には根柢《こんてい》がないということです、精神的・実質的裏打ちがないということです。日本人は国際的にまだ教養・実力ができておらぬ、というこれは痛い批判に外ならない。事実その通りでありまして、日本人はあらゆる点に於て人間的・国民的・民族的教養が本当でない、ということに帰着するようであります。余りにも皮相な、目先の、打算的・功利的成功にばかり走って、本当に考えが足りなかった。そのためにいち早く忌むべき反動が生じ、頽廃堕落が深刻になって来ておるわけであります。

『中庸』の意義

そこで、今回から何回かに亘《わた》って『中庸』の章句を読むわけでありますが、みなさんもそういう精神で読んでいただきたいと存じます。

もともと『中庸』は『礼記《らいき》』の一部分でありまして、それが今日のように独立したものになったのは、宋初に出ました二程子——程明道《ていめいどう》・程伊川《ていいせん》の兄弟——がこれを『礼記』から取り出して、独立の地位を与えて尊重したからであります。

次いで、南宋に出ました一代の大儒、朱子がこれを校訂して、朝廷において官学に採用し、特に官吏の登庸試験である進士の試験に必須の文献としたために、中国は勿論、延《ひ》いて日本にでも最も重要な経典の一つになったわけでありまして、これはもう皆さんもすでにご承知のことであります。

又「中庸」の意義でありますが、「中」については今までたびたびお話致しましたので、今回は略しまして、「庸」について少しく解説をして置きたいと思います。

この字は普通の常識では「凡庸」と連なって理解されておるのでありますが、実はいろいろの意味がございまして、説文学的に申しますと、庸は庚＋用であります。

庚には改める、更新するという意味がありますが、庸にもやはり同じ意味があって、そこから、絶えず刷新してゆく、続くという意味が出て来る。又、それに従って、用いるという意味も出て来る。だから雇傭《こよう》する、人をやとうというのは、何のためかと言うと、いろいろ仕事を絶えず刷新してやって貰うためなのです。そこで庸の字は手柄・功績・業績の意味にもなる。

又従ってつねという意味もある。人の名前に使われる時には、大抵つねと読んでおります。みなさんに親しい名前では高田馬場で有名な堀部安兵衛武庸、あれもたけつねと読む。何故つねと読むか。人を用いて、いろいろ業績を挙げてゆくのには、どうしてもそこに一貫して変わらざるものがなければならん。そこで一般化しますと、当然つね、平常という意味が生まれて来るわけです。又恒徳という意味にもなる。

そういう風になって来ますと、みんな嬉しいこと、楽しいことになりますね。いつも変わらずによく仕事をして、役に立って、それがお手本・きまりになってゆくような人になると、自然とみんなの調和がよくなる。そこで和やか・やわらぎという意味もある。これは人間にとって極めて望ましい一般的・普遍的なことである。又そうでなければならぬことであります。

ところが意味というものは、善くも用いられるが、悪くも用いられる。庸はつね、変わらないということが基準になりますから、一転しますと、そこから当然・当たり前という意味が出て来る。凡庸の庸です。もっともこれは初めは善い意味であったのですが、凡はすべてに通ずるということで、道に従った、法則に則《のっと》った仕事・働きというものは誰にも通ずるものであるというところから、一転して、一向特徴のない、つまらない、平凡、というような悪い意味になって来た。

そこで中庸とはどういうことか。時代だとか、階級だとか、何だとか、いうようなものに関係なく、一切に通ずる、すべての人に通ずる、恒《つね》に変わらざる進歩向上、とこういうことになるわけでありまして、即ちすべての人が如何に変わらずに、相待って和やかに、調和を保って、進歩向上してゆくか、その原理を説いておるのがこの『中庸』である。

よく中庸と言うと、両極端の真ん中、折中《せっちゅう》という意味に使うのでありますが、そうではなくて、『大学』『中庸』という時の中庸は、すべての人間に通ずる、誰しもこれに則って、限り無く進歩向上してゆく永遠の常徳・恒徳という意味であります。

二　本論――人生に活かす中庸

序

子程子曰、不偏之謂レ中。不易之謂レ庸。中者、天下之正道。庸者、天下之定理。此篇、乃孔門傳授心法。子思恐二其久而差一也。故筆二之於書一、以授二孟子一。其書始言二一理一、中散為二萬事一、末復合為二一理一。放レ之則彌二六合一、巻レ之則退蔵二於密一。其味無窮。皆實學也。善讀者、玩索而有レ得焉、則終身用レ之、有二不レ能レ盡者一矣。

子程子曰く、不偏之《これ》を中と謂《い》ひ、不易《ふえき》之を庸と謂ふ。中は、天下の正道にして、庸は、天下の定理なり。此の篇、乃《すなわ》ち孔門伝授の心法にして、子思《しし》其《そ》の久しうして差《たが》はんことを恐る。故に之を書に筆して、以て孟子に授く。

其の書、始め一理を言ひ、中ごろ散じて万事と為《な》り、末復《ま》た合して一理と為る。之を放てば則ち六合《りくごう》に彌《みなぎ》り、之を巻けば則ち退いて密に蔵す。其の味無窮にして、皆実学なり。善く読む者、玩索《がんさく》して得る有れば、則ち終身之を用ひて、尽《つ》くす能《あた》はざるもの有り。

子程子の子は、二字共に敬語で、普通は下につけるだけであるが、ここでは特に尊敬を表す意味で、丁寧に上にもつけたわけであります。その程子が中庸の意義を説いてこういうふうに言うておる。

不偏これを中と言い、不易これを庸と言うと。中とは天下の正しい道であり、庸とは天下の定まった法則・理法である。この『中庸』の一篇は孔子の門に代々伝え授けて来た心の法則であって、それを孔子の孫の子思が、時を経て誤り違うことを恐れ、書物に記して孟子に授けた。

その書は、始めは根本的・究極的な一理を説き、中ごろはその一理から分化発展して森羅万象になることを明らかにし、最後にはその万象が又一理に帰することを述べておる。これを広げて分散すれば、南北東西上下の六方、即ち宇宙にみなぎり、これを巻いて統一還元すれば、無限の無意識的密蔵（秘蔵）に帰してしまう。

われわれの精神機能、意識の働きというものは、内なる心の世界は勿論のこと、外なる現象の世界、宇宙の涯《はて》までも思索し、真理を究《きわ》めようとする。しかしもともと、これは内なるものの発展でありますから、巻いて統一還元すれば、現象の世界から内実根元の世界、無意識の世界に蔵《おさ》まってしまう。

そもそも人間の意識の世界というものは、限りない自覚発展の世界である、と同時に限り無い無意識的世界の連続である。その無限の無意識層の中から、知覚だの、思惟《しゆい》だのというものが出て来るわけです。

然《しか》もそのすべてが不朽不滅であって、先祖代々から受け継ぎおさまっておる。物質が不滅であるように、われわれの精神・思惟も亦《また》不滅のものなのです。人間はただそれを忘れるだけのことであって、すべて深層意識の中に退蔵（深くしまう）しておるのである。そこに人間精神の神秘がある。これは近代の哲学や心理学・精神医学を待つまでもなく、古来十分に研究され、活用されておることです。

早い話が、もし意識というものが不滅でなければ、思い出すということがない筈である。思い出すということは、意識や経験が不滅だからである。又不滅でなければ、われわれが夢を見るということもないわけである。夢を見るということは、無意識層の中に退蔵しておるものの散見である。

われわれは眠ることによって、外来の刺戟《しげき》や認識が遮断《しゃだん》される。そうすると何かの拍子に、今まで退蔵しておった内的経験が出て来る。これが夢です。そうして醒《さ》めれば、外の刺戟のために拡散して、わからなくなる。つまり忘れてしまうわけです。ところがその中の幾部分かがなお記憶に止《とど》まる。それが夢の自覚になる。昨夜こんな夢を見たなどというのは、たまたま意識の深層に還《かえ》り切らないで、いくらか記憶の世界に止まったからである。

シカゴ大学で夢の研究が行われておりますが、今日、心理学者や生理学者の綿密な研究によって、われわれは眠っておると思っても、常に夢を見ておるのである、ということが実証されておる。

つまり眠ると言っても、絶えずうとうととして夢を見ておるわけで、本当にぐっすり眠るのは、無意識を持続するのは、先《ま》ず普通の健康体で六十分乃至《ないし》七十分を超えることはないということです。それから又だんだん醒めて来て、うとうとと夢を見る。それを何回か繰り返して、今度は外来の刺戟によって本当に目が醒めると、その夢は忘れてしまう。無意識層の中に密に蔵してしまうわけです。

そうしてその中の若干が記憶に残って、ああ、夢を見たという自覚になる。これがわれわれの睡眠というものでありまして、「人生は夢の如し」と言うけれども、如しではない。本当に人生は夢なのです。『荘子《そうじ》』には実に巧みに描写されておりますが、人生そのものが大夢である、ということが確かに言い得る。

そういう意味で、ロンドンに「息」の研究所があるが、これも大変面白いと思います。われわれは生きると言うが、生きるということは息をしておるということであって、息が止まったら最後、すぐ死んでしまう。ところがその息も夢と同様、絶えず息をしておるけれども、息というものを自覚することが非常に少ない。どれだけ本当に息をしておるかと言うと、多くの人間は正しい意味の息をしておらない。

そもそも息というものは、呼吸と言う如く、吐くことが大事なのです。ところが大抵は、「吸呼」はするが、「呼吸」はやっておらん。大体、肺容量の六分の一くらいしか息をしておらぬそうです。ということは残りの六分の五は汚れた空気がそのまま沈澱《ちんでん》しておるわけである。

だから人間は時々、思い切って肺の中に沈澱しておる古い息を全部吐き出して、新しい空気と入れ換えねばならん。況んや朝起きた時などは、先ず以て戸を開けたら、思い切って夜の間に停滞しておる汚れた空気を吐き出して、新鮮な空気を吸うのです。それが、呼吸、別の言葉で「吐納《とのう》（道家の呼吸法）」というものである。吐いてみるとわかりますが、自分でもびっくりするくらいあるものです。それだけ汚い空気が宿っておる。停滞しておる。

いつか宿の字に関連して、「二宿」ということを申し上げたことがあります。一つは宿便、一つは宿慝（しゅくとく、知らず識《し》らずの間に犯した罪・汚れ）。人間はこの二宿で死ぬとまで言われるくらいである。ですから呼吸・吐納、二宿の掃除は心身健康のために是非やらねばならぬ。又何人《なんびと》にもできる、一つの基本問題でありま す。

そこで、「其の味無窮にして……」、その味わいたるや窮まりなく、みな実際の用をなす学問である。善く読む者、いろいろ考えて真実を求めて得るところあれば、生涯用いて尽くすことの出来ないものがある。

誠にこの通りでありまして、われわれの中にはあらゆる意味に於て、神秘的な精神の機能、徳、力を持っておる。みなそれを知らないけれども、若《も》しその原理をよく知って、実行したならば、終身無窮無尽の利益がある。

中とはそういうもの、庸とはそういうものです。中は限り無き進歩向上であり、庸は不断の努力・調和である。
だから中庸とは、われわれの生活、生理・心理・情意の永遠の発展を意味する。そこに中庸の尊い理法があるわけでありまして、玩味すると、本当に限り無い妙味があります。

本文

天命之謂㆑性、率㆑性之謂㆑道、修㆑道之謂㆑教。

天命之を性と謂ひ、性に率《したが》ふ之を道と謂ひ、道を修むる之を教と謂ふ。

恐らく『中庸』を読んだことのある者なら、誰もが知っておる名高い文章であります。

天命の命は造化の絶対的作用を言う。天地自然の一つの特徴は、無限の創造・変化である。約してこれを造化と言う。その造化を一番象徴するものは、何と言っても天ですね。天は限りがない。地の有限であるのに対して天は無限である。と同時に地は固定的であるが、天は変化極まりない。

そこで天地自然、天地人間の創造変化を象徴して天と言う。天地自然、造化の作用・働きというものは、人間が好むと好まざるとにかかわらず、絶対のものである、必然のものである。その必然性、絶対性を命という語で表すわけであります。例えば生命というものがある。地球ができてから何十億年か経って、無機物の世界から有機物の世界が現われ、生命の世界が発達して、やがて精神・意識の世界が出て来るわけでありますが、これは好むと好まざるとにかかわらない、欲すると欲せざるとにかかわらない、必然のものであり、絶対のものである。丁度人間で言うならば、子供にとって親の言いつけが絶対であるのと同じことであります。だから命は、いのちであると同時に、言いつけ、命令という文字でもある。

そうして創造されて、ここに万物が現われて来るのでありますが、それぞれ区別するために名というものがつけられる。つまり命名であります。命名という語は普遍的な用語で、みな何気なく使っておりますが、しかし果してその中の幾人が、命名という語の本当の意味を知っておるか、又本当に用いておるかというと、実にあやしいものであります。

初めて出来たから太郎と命名したとか、もうこの辺で止めにしたいから、末の娘はとめ子とつけた、というようなことをよく言うのでありますが、そんなものは命名ではなくて、附名というものである。ただ名前をつけたというに過ぎない。子供に名をつけるということは、子供に対して、かくなければならぬ、かくあれかし、という絶対的な意味を持たせて初めて命名であります。

又子供もそうであります。親はまだ子供に対して命名らしい命名をするのですけれども、命名されたその子供が自分の名前の真の意義を知らない、というのが案外多い。親が教えないということもあろうが、せめて自分の名前がどういう意味かくらいは知っておって欲しいものです。これは自分というものを本当に認識していない、把握していない証拠である。

例えば、世間によくある名前に精一というのがありますが、これなど『書経』の有名な「惟《こ》れ精、惟れ一《いつ》、允《まこと》に厥《そ》の中を執《と》れ」という言葉から出ておるのですけれども、皆案外知らない。

精は今日の言葉で言えば、purify 純化すること、一は simplify 単純化することである。つまりいろいろの矛盾や相対・相剋《そうこく》（互いに相手に勝つこと）を去って、新しく創造してゆく、というのが精一であって、精と一とが相待《あいま》って初めて進歩向上があるわけです。

この精一を説明するのに、よく漢文の先生がふざけて、こういう笑話を致します。精と一とは人格と品行のようなもので、身体で言えば、精はへそから上に当たり、へその上下を統一するのが一である。

よく世間には、人格は修養して精、誠に立派であるが、案外に行儀の悪い、特に男女関係にだらしのない人がおる。そういうのは精なれども、未《いま》だ一ならざるものであるというわけです。これは極めて通俗な解説でありますが、実にうまく精一の意味を言い表しておる。どうも名前は精一で結構であるが、世の中には精二やら精三が多くて困ります。そんなことを言うと、精二や精三は立つ瀬がないが、それはそれで又意味があるわけですから、別段気にかけることはありません。

話が横道に外れましたが、兎《と》に角《かく》天命が、造化の絶対的な作用・働きが、人間を通じて発すると、性というものになる。性は生でもよいのですが、高等動物、特に人間となると、心理・精神が発達して来ておるから、忄偏をつける。これは人間の本質です。

その性に率《したが》って、実践し開発してゆくのが道というものである。何故道と言うか。人間は道に率わなければ、進むことができない、到達することもできない。だから何事によらず道をつけなければならん。

そのことを最もよく表しておるのが、「田」という文字です。古代人が未開発の荒野の一区劃《くかく》=口をとって耕作をする時に、先ず造らなければならなかったものは道である。田の中の十はその道を表しておる。又道をつくるために努力をするという意味でもある。そしてこの道を造ったために、古代人は荒野の中で狩りをすることができるようになった。そこで田はたであると同時に、狩りという字でもある。ついでに言えば、広い意味に於て道をつけることの出来ないような、その努力の出来ないような者は、男じゃないということになるわけです。

従って道というものは、観念的・唯理的なもの（思考のみ）ではなくて、実践的なものである。創造的なものである。兎角道などと言うと、何か人間の観念的な思惟・思索の産物のように思うが、決してそうではない。人間・自然を通ずる絶対的な働きが天命、これがわれわれの本性であって、この本性に率って、天分の能力に従って、実践してゆくのが道である。

昔から道の実践性を悟らせるために、いろいろ工夫されて来ましたが、中でも日本人やシナ人の一番よく知っておるのは、禅の公案でありましょう。

或る雲水《うんすい》が馬祖《ばそ》に、〝如何なるかこれ道〟と訊いたら、馬祖が、〝道か、道ならそれそこの牆外底《しょうがいてい》（垣の外の所）、垣の外にあるじゃろ、あれが道じゃ〟。

雲水はむっとして、〝私の尋ねておるのはそんな道ではありません。大道です〟。

そうすると馬祖は言下に言った、〝大道長安に通ずる〟、大道なら都の長安に通じておると。今なら国道一号線といったようなものであります。

これは参禅した者なら大抵知っておる公案でありますが、人間は生《な》まじい（生まじっか）学問や思索をすると、この雲水のように観念や論理に堕して、実践から遊離するものであります。実践から遊離した道などというものはない。だからそれだけに絶えず開発してゆかなければならん。放って置くと、すぐ草芒々《ぼうぼう》になって、荒れ果ててわからなくなってしまいます。

そこで「道を修むる之を教と謂ふ」、どうしても教えというものが要る。教という字は、単に口でおしえるばかりでなく、実践を伴う。即ちお手本になる、人のならいのっとるところとなるという意味である。だから「教は效《ならう》なり」という注釈があるわけです。教育とは、教師が生徒のお手本になって、生徒を実践に導いてゆくことであって、ただ言葉や文句で教えることではない。言葉で教えるのは、訓とか、誡とかいうものであります。

道也者不レ可二須臾離一也。可レ離非レ道也。是故君子戒二慎乎其所一レ不レ睹、恐二懼乎其所一レ不レ聞。莫レ見二乎隠一莫レ顯二乎微一。故君子慎二其獨一也。

道は須臾《しゅゆ》も離るべからざるなり。離るべきは道に非ざるなり。是《こ》の故に君子は其の睹《み》ざる所を戒慎《かいじん》し、其の聞かざる所を恐懼《きょうく》す。隠なるより見わるるは莫《な》く（隠るるより見はるるは莫く）、微《かすか》なるより顕《あきらか》なるは莫し（微かなるより顕かなるは莫し）。故に君子は其の独を慎むなり。

われわれの性は天命、即ち造化自体の必然によって与えられたものであり、その性に率《したが》うの道というものであるから、道は人間が須臾も離れることのできないものである。離れるようなものは道ではない。

そこで君子と言われるような人は、人の見ないところに於ても戒め慎み、人の聞かないところに於てもおそれかしこむ。凡そ不善というものは、どんなに隠れておってても必ず現われて来るものであり、又どんなに微細なことであってもいつか明らかになるものである。だから君子は其の独を慎んで、須臾も道から離れまいとするのである。

「独」という思想は、東洋の思想・学問・信仰・芸術のすべてを通じて離るべからざる、最も基本的本質的な創造概念とでも言うか、大事なものであります。

独は普通、他に対するひとり、数多《あまた》に対する孤、という意味に使うのでありますが、そうでなくて、本来は絶対という意味であります。人前だとか、手段だとか、いうような相対的な自己ではなくて、絶対的な自己を独と言うのであります。だから「独立」とは、何ものにも依存しないで、自己自身で立つという権威のある言葉です。国家・民族が独立するということは、他国に依存し左右されないで、その国家・民族自体に於て存立することである。

「中立」の本義も単に、いずれにも加担《かたん》しないで、中間に立つことでなく、信ずるところは絶対で、一時の政策的方便で相対するものの孰《いず》れにもくみせぬことである。独立も、相対的な矛盾・相剋から離れて孤立することではなくて、そういうものから影響を受けることなく超越して、もう一段上に出て、創造的進歩をすることである。

ところが大抵はこれを間違って、孤独の意味に使う。従って又、地位だの、名誉だの、物質だの、利害だの、といった打算的なものによらずに、自己の絶対的なものを持つ、これを「抱独」と言う。そしてそれを認識するのが「見独」であります。

自己の存在の絶対性に徹して、初めて真に他を知ることが出来る、他との関係が成り立つ。根本に於て独がなければ、われわれの存在は極めて曖昧《あいまい》で不安定であります。だから君子はそれをよく認識し、徹見して、大切にするのである。「慎独」は中庸に伴う大事な要素であって、これあるによって、本当の進歩向上ができる、所謂中があり得るわけであります。

古典の効用

わずかな間に時局はますます変化の度を強めて来ておりますことは、みなさんが日々見聞しておられる通りでありますが、この変化は今後一層複雑で厄介なことになってゆくだろうと思います。

たびたび申しますように、シンギュラーポイント（特異な点・状況）とか、ハーフライフ（半減期）とか、いうことが痛切に感ぜられるばかりでなく、それが一つ一つ実証されてゆく。この正月、「壬子《みずのえね》」の干支《えと》の教うる意義について説明しておきましたが、確かに干支の通りであります。こういう時局に一番大事なことは、何と言っても見識・信念を持つことでありまして、見識・信念がないと、眼前の現象に捕らえられて、どうしても困惑《こんわく》し勝ちであります。

それではどうして見識や信念を養うかと言うと、やはり学ぶ外はない。

何に学ぶかと言えば、結局歴史――歴史は人間が実践して来た経験的事実ですから――と、歴史を通ずる先覚者達の教訓に学ぶことが最も確かであります。その意味に於て古典は本当に大きな意義がある。

　中国問題を考えてみましても、或いはソ連の問題、ベトナムの問題、アメリカの問題等々を考えてみましても、歴史と先賢（昔の賢人）の教えの中にことごとく回答が記されておる、と申して決して過言ではないと思います。極言すれば、四書《ししょ》五経《きょう》と申しますけれども、四書を読むだけで結構であります。

『大学』『中庸』『論語』『孟子』を取り出して、この問題はあそこにこう書いてあったというふうに調べてみると、実に如実に適切な答案が書いてある。せめて四書だけでも本当に読破すれば、現代の厄介なほとんどの問題に対する、その解決の根本原理が見事に解説されておるのでありまして、今更のように世界の古典の権威というものがよく味わわれるわけであります。

　しかし、如何に権威のある古典でも、自分にこなす力がなければ、単なる一片の古典に過ぎません。古典が本当の意義・価値を発揮するには、やはりこちらにそれだけの真剣な体験や思索が要る。

　と言っても所謂好事家《こうずか》のように広く渉猟《しょうりょう》する必要はありません。勿論それでも結構ですけれども、それよりも四書なら四書を読破する方が、どれだけ効用があるかわからない。「易」の教えなど殊にそうでありまして、あの循環する六十四卦《か》を学ぶだけでも、この時局を考察することができる。人間のやっておることはほとんど昔と変わったことはないと言うことが出来ます。

マンスホルトの警告

最近の世界の痛切な問題を一つ取り上げてみましょう。

今、一番衝撃を与えておりますのはECですね。そのECの委員長でありますマンスホルトが副委員長の時に——と言うても今年の春のことですが——委員長に書簡でヨーロッパ共同体の明日に関して真剣な警告と提案を行い、それがECの諮問《しもん》機関である政治経済評議会に発表されて、ヨーロッパを始め、アメリカの識者に大きな衝撃を与えております。

これは今までのような経済政策、つまり科学技術工業の発展と、それに伴ういろいろの事業の推進によって、単にGNPの増加を図る、というようなことをやっておったのではヨーロッパは亡びる。今後はGNPではなくてGNH（グロス・ナショナル・ハッピネス）、国民総幸福でやってゆかねばならぬ、ということを強調しておるわけであります。

先ず問題は人口の増加である。専門家によると、今世紀末には恐らく世界の人口は現在の三六億から倍の七〇億にまで達するであろうと言われている。しかも文明諸国の人口は足踏み、若しくは漸減《ぜんげん》するのに対して、未開発諸国は激増して来ておる。

そのため第一に、この人口の増加に対して食糧生産がついてゆけなくなり、次第に窮迫を告げてゆく。と同時に工業は拡大し、拡大することによって、人間の奢《しゃ》侈《し》・享楽・遊惰《ゆうだ》がいよいよ酷《ひど》くなり、更に工業が拡大するということになって、そのために環境の汚染がますます激しくなると共に、一方では資源の枯渇を来たすであろう。

従ってもう今までのように、ただ生活を豊かにすればよい、というような政策は許されない。奢侈・贅沢・レジャーというような方にばかり走っておったら、ヨーロッパ民族は没落する。われわれは歴史の教える通り、勤倹力行《りっこう》に立ち返らなければならん。そうして生産の問題を始め、社会福祉政策、租税政策といったものを大きく転換しなければならん、とまあ、こういう厳しい提言であります。

何のことはない、つまるところは耐乏生活をせよということであります。昔の言葉で言うならば、質実剛健・勤倹力行をやる以外に、ヨーロッパ民族・ヨーロッパ文明を救う道はないということです。これに対して共産党あたりは、〝これはヨーロッパを逆に退歩させようとするものだ〟と言って盛んに攻撃しておるのですけれども、しかしこれは厳たる事実であります。

本を読まなくなった日本の子供達

早い話が今日の日本がそうです。マンスホルト委員長の論議し提案しておることの、丁度逆にうごめいておる状態でありまして、特に甚だしいのは教育です。日本の青少年子弟の現状は真に憂うべきものがある。

この間も専門家が、学校の教科書以外にどういう本をどれだけ読んでおるか、ということを小・中・高の生徒を対象に、併せて父兄・教師の勉強状況を調査しましたところが、父兄・教師もさることながら、肝腎の子供達が甚だしく読まなくなっておるということがわかりました。しかも小学生よりも中学生、中学生よりも高校生というように、むしろ上にゆくほど読まなくなっている。もう学校に通うのが精一杯で、本当に教養のための読書、人間をつくるための読書、というようなものは殆どやっておらない。

例えば、読書というものをどう思うかという質問に対しても、凡そ無関心というか、否定的な答えばかりで、親や先生が奨《すす》めてくれる本をどう思うかということについても、殆ど興味を示しておらない。中には、一カ月に何時間くらい勉強するかというのに対して、三時間か四時間という酷いのもおる。如何に日本の青少年が本を読んでおらぬか、又読む興味を失っておるか、ということがまざまざと出ておるのです。

これは日本の明日にとって本当に恐るべき問題でありますが、世間の人が余り喜ばぬために、大きく取り上げられない。しかしさすがにヨーロッパあたりは日本と違って、青少年の教育に対してはまだ関心が強い。だからそのためにも、知識階級・指導階級がもっと読書をし、修養しなければならぬというところから、たとえばパリの経済団体で実業家の教養の調査をしたことがあります。

それによると、目覚めた人々に共通しておることでもありますが、彼等は日常暇をつくっては、ギリシャやローマあたりの古典、或いはフランス・イギリス等のモラリストの著書、といったものを心掛けて読んでおるということです。ところが日本ではそういうものが余り振るわない。

そういうことを注意しておりますと、どうも日本はいろいろの点に於てヨーロッパよりも自覚が足りない。前車の覆轍《ふくてつ》（ひっくり返った車輪のあと・失敗の先例）をくり返すと言いますか、ヨーロッパが懲りて、自覚し警戒しておるところへ、日本がむしろ陥りつつある、というような感じが致します。

かつて私は『師と友』の巻頭に、「英国と日本」と題して次のような一文を出したことがあります。

英国と日本

旅行というものが我々の生活の単調と退屈を癒《いや》してくれるように、私は自分の専門的学問の陥り易い弊害を除く為にも、感興を唆《そそ》られる多方面に思想学問的旅行を試みることが好きである。

そんなことはさしおいて、私は戦後の英国文壇で、G《ジョージ》・オーウェルの作品を好んで読んだことがある。そして彼が英国や英国人を語る時、よくわが日本を反省させられた。

彼曰く、「最近数十年に於けるイギリス生活の支配的な事実の一は、支配階級の能力の低下ということである。特に一九二〇年から四〇年にかけては、それが化学反応のような速さで起こりつつあった。何故か支配階級は堕落した。能力を、勇敢さを、遂には強情さまで失って、外見だけで根性の無い人物が立派な才幹を持った人物として立てるようになった。

——けれども一九三〇年代から起こった帝国主義の一般的衰頽《すいたい》、又ある程度までイギリス人の士気そのものも衰頽したことは、帝国の沈滞が生んだ副産物の左翼インテリ層の所為《せい》であった。現在忘れてならないのは、何らかの意味で左翼でないインテリは居ないということである。

彼等の精神構造は各種の週刊月刊の雑誌を見ればよくわかる。それらのすぐ目につく特徴は、一貫して否定的な文句ばかり並べて、建設的な示唆が全く無いことである。料理はパリから、思想はモスクワからの輸入である。彼等は考え方を異にする一種の島をなしている。

インテリが自分の国籍を恥じているという国は大国の中ではイギリスだけかも知れない。国旗を冷笑し、勇敢を野蛮視する、こんな滑稽《こっけい》な習慣が永続できないことは言うまでもない、等々各方面にわたって公平辛辣《しんらつ》に観察しながら、最後はイギリスがそれとわからぬくらいに変わっても、やはりイギリスはイギリスとして残るであろう」と論じている（『England Your England』）。

日本をまざまざと反省せしめられる日本解脱《げだつ》の一公案である。

専門的愚昧

本筋にはいる前に何故「旅行というものが……」というようなことを書き添えたか、ということを一言説明して置きます。

そもそもわれわれが専門家になるということは、確かに一つの進歩であり、結構なことである。けれども同時にそれは非常に警戒を要することである。つまり子供というものは元来分解されない一つの全き存在であって、純真で、しかも素朴そのものであるが、それが学校へ行って専門課程を修め、外へ出て職業人になる。これは一面に於て当然の成長であると同時に、一面に於て一つの副作用を伴う。『中庸』の「中」が、相対的矛盾を統一して、一段高いところへ進めるという発展的意味と同時に、中毒の中、あたるという意味がある、と説明しておきましたが、丁度それと同じことであります。われわれが特殊人・専門家・職業人等になるということは、一面に於て確かに進歩であるが、半面に於て弊害を伴うものである。それだけ片寄るようになるわけです。

これは本当に注意を要することでありまして、往々にして専門家が馬鹿になるというのはそれであります。専門的愚昧《ぐまい》という言葉があるが、専門のみをやっていると、人間は単調になり、機械的になって、尊い生命の弾力性・創造性というものを失ってしまう。

よく世間にはおりますね、学者としては実に勝れた立派な人なのだけれども、どうも人間が少しおかしいというのが……。

例えば、所謂国学者というような人に会ってみても、なるほど専門の国学については博識だが、どうも一種の臭みと言うか、嫌味と言うか、何となくあきたらないものを感じる人が多い。英文学者に会ってみると、なるほど英文学には通じておる。けれどもなんだか民族としては肌合いの違う、俗に言うきざな、気骨・骨力のないのが多い。

漢学者に会ってみると、こちらは確かに気骨はあるけれども、どことなくぎくしゃくとして骨張って、弾力性とか、包容力、或いは新鮮味、といったものがなくなって、仁義道徳の乾物《かんぶつ》のような感じの人が多い。

われわれの高等学校時代にも、「法科の頭を叩いてみれば、権利権利の音がする。理科の頭を叩いてみれば、サイン・コサインの音がする」というような歌がはやったものでありますが、専門の書物ばかり読んで専門の人達とだけ附き合っておると、次第に人間が偏頗《へんぱ》（片寄る）になって来る。

みなさんもそうでありまして、毎朝一定の時間に起きて、一定のコースを辿《たど》り、一定の職場に着いて、決まり切った人達の中で、決まり切った仕事をし、又一定の時間に、一定のコースで、家に帰って、一定の顔を見合わせて、それで寝てしまう、というような生活を送っていたら、それこそ型にはまった人間になって、創造性とか弾力性とか、情熱とか叡智《えいち》とか、というようなものがだんだん無くなってしまう。

そこで職業人・専門家になるほど、一面に於て人間的教養を豊かにすることを心掛けなければいけない。それにはやはり、全人的な教養を豊かに含む聖賢の書とか、古典とか、歴史哲学の書物とか、いうようなものに親しむことが一番です。そうしないと、事業家も、政治家も、教育者も、サラリーマンも、それぞれがそれぞれの弱点・短所に偏ってしまって、職業的・専門的生活のみならず、人間そのものが駄目になる。「旅行云々《うんぬん》」の前書きはそのことを意味するのであります。

英国のことを笑ってはおられない日本の現状

そういうことで戦後、私はジョージ・オーウェルの作品を好んで読んだわけですが、今、引用しましたのは、『イングランド・ユアー・イングランド』という作品の一節でありまして、これは自国のイギリス人に自分達の国イギリスを実に辛辣《しんらつ》に解剖して、警告しておる評論であります。

不幸にしてオーウェルは、確か四十九歳であったと思いますが、若くして亡くなりました。もう少し長生きしておれば、恐らく世界の思想界・評論界・文学界に大きな存在になったと思います。この人は初め、ビルマなどの植民地の警察官をやっておりましたが、その後いろいろ人生を煩悶《はんもん》して国に帰った。そうして労働階級に眼を向けて、社会主義の研究に没頭しておるうちに、だんだんにあきたらなくなって、あのスペインの戦争に勇敢に従軍した。そこで重傷を負って、それが原因で若死したわけであります。

オーウェルのもので特に面白いのは、アニマル・ファーム『動物農場』といって、スターリンのソ連の政治を実にユーモラスに揶揄《やゆ》した作品であります。何分スターリンの華やかなりし頃でありますから、最初は英国の出版界も遠慮して、これを出版する者がなかったと言われている。その後『一九八四年』という本が出ました。これは一九八四年の文明世界を考えて書いた大変面白い本でありまして、今日読んでも、示唆されるところが多い。

で、引用文を読んで、先ず日本と思い合わされることは、支配階級の能力の低下ということであります。そして「何故か支配階級は堕落した。能力を、勇敢さを、遂には強情さまで失って、外見だけで根性の無い人物が立派な才幹を持った人物として立てるようになった」と言う。

日本もそうですね。戦後の日本の支配階級の頽廃・堕落は実に目に余るものがある。然も人間には好い意味の強情さがなければならぬのに、それさえも失ってしまっている。けれどもイギリス人の士気そのものが衰頽したのは、「帝国の沈滞が生んだ副産物の左翼インテリ層の所為であった」と言うのです。なかなか言えない言葉をずばりと言っております。

今、左翼インテリが日本を風靡《ふうび》しておるわけですが、日本においても確かにそのことが言えると思います。彼はそういうインテリが自分の国籍を恥じ、国旗を冷笑し、勇気を野蛮視するのは、大国の中ではイギリスだけかもしれないと言っておるのですけれども、日本はもっとひどいですね。

しかし、そういう風に彼は各方面に亘って公平辛辣《しんらつ》に観察しながらも、最後はイギリスがそれとわからぬくらいに変わっても、やはりイギリスはイギリスとして残るであろうと論じておる。まるで外の国のこととは言えない。国家・民族にとって精神的頽廃・堕落くらい恐《こわ》いものはありません。そこへ持って来て、政治がご覧のような有様であります。

　昔は政治も、経済も、教育も、思想も、学問も、それぞれ独自の分野があって、従ってみな独立性を持っておった。ところがこの頃は相互に離るべからざる連環性が出来て、特に政治の比重が重くなって、政治を離れては何物も考えられなくなって来ておるにもかかわらず、その政治が困ったことに非常に堕落して来ておるわけであります。

　かつてケネディ大統領が前大戦とウイルソンのことを研究して、『何故イギリスは眠ったか』という名著を書いておりますが、その中で彼は、「全体主義制度――例えばソ連や中共のような国家――と競争するに当たって民主主義の弱点は大きい。民主主義は合理的な存在としての人間に対する敬意に基づいているが故に……」と言うておりますが、その民主主義制度の一番の弱点を今日のアメリカが、又日本が、暴露しているわけであります。

　これをどういうふうにして救済してゆくか。名医が患者を治療するように何とかしなければ、それこそ日本はハーフライフが進み、加速度で混乱し、堕落して、どの程度か不幸な危険な状態の実現することは免れることが出来ないと思います。

　そういうことをしみじみ感じ考えつつ、こういう古典を読みますと、本当に人間の栄枯盛衰・興亡の真理のエキスを嘗《な》める感じが致します。

喜怒哀樂之未レ發謂二之中一、發而皆中レ節謂二之和一。中也者天下之大本也、和也者天下之達道也、致二中和一、天地位焉萬物育焉。

喜怒哀楽の未《いま》だ発《はっ》せざる之《こ》れを中《ちゅう》と謂《い》ひ、発《はっ》して皆節《みなせつ》に中《あた》る之れを和《わ》と謂ふ。中《ちゅう》は天下の大本《たいほん》なり、和は天下の達道《たつどう》なり。中和《ちゅうわ》を致して、天地位《くらい》し万物育《いく》す。

人間の意識が進むにつれて、喜怒哀楽の感情が発達するわけでありますが、その感情の未だ発しない時、即ち一種の「独」の状態、これを別の言葉で「中」と言う。中が発してみな節に中＝あたる、これが「和」というものである。

未発の中とは the whole、全きものということです。これが発するということは、根から幹が出て、枝葉が伸び、花が咲き、実が成る、というのと同じことでありまして、全体的・含蓄的《がんちくてき》（深い意味を含む）・全一的なもの、即ち独というものが、天地の創造の作用によっていろいろに発展してゆく。つまり創造・造化の働きが起こる。発して種々の作用になるわけです。従ってその作用はそれぞれ全き存在・無限なるものの一部分である。これが「節」です。

「節」は、創造的なるものの、一つの連続的なるものの一部分であります。音楽は音節から成り立っておる。竹はいくつかの節が連なり伸びたものである。そういう創造の作用、造化の働きの基本的なものが節でありますから、従って節は、連続に対して言うならば、一つの締めくくりである。

われわれの意識を「気」という文字で表しますが、意識にもやっぱり意識の基本的なものがあるわけで、われわれはそれを「気節」と呼んでいる。その気節を失わないのが「節操」であります。音楽で言うならば、基本的な部分の音節が発して、即ち音律となって、曲にあたるわけである。これを「和」と言うのであります。

「中は天下の大本なり、和は天下の達道なり」

われわれの生命で言いますと、生命全体の働きが中、その生命が発達して来るにつれて、四肢《しし》五体が出来上がる。一つの細胞であったものがだんだん複雑に発達して、そこから手足が出来、他のいろいろの部分が出来て、しかもそれぞれはみなどこかで統一されて、一個の身体が形づくられる。つまり身体は結節から成り立っておるわけで、結節の大きな「和」が人身というものである。

従って「中」と「和」は、大きく広げると、天下の格法（正しい法則）となる。われわれの身体も格法であります。生命はみな無限の節を持っており、同時に大きな和の活動をしておるのである。例えばわれわれの身体には脊椎《せきつい》というものがあります。そこから血管だの、神経だの、淋巴腺《りんぱせん》だの、というようなものが方々へ分派しておるのでありまして、脊椎はその大事な結節をなしておるわけです。

この間も鼻血の止まらない患者がおりまして、早速入院して、注射をしたり、いろいろ手当を加えたが、一向止まらない。ところがたまたまそこへ脊椎の大家が見舞いに参りまして、〝そんなことはわけない〟と言って何椎目かの背骨をぎゅうっと押したら、今まで大騒ぎをしておったのが不思議なくらいいっぺんに止まってしまった。

そうかと思うと、足の指をみてその人の健康状態や疾病《しっぺい》を診断する大家もおります。そうして足の指を矯正することによって、相当の疾病が治療出来る。人間の身体というものは実に微妙なものであります。如何に節から出来ておる大きな中和であるか、ということがよくわかる。

その「中和を致す」、だんだん完成してゆくところに、天地というものがあり、生育というものがあると言う。

以上が『中庸』の首章でありますが、これだけでも実に驚くべき真理がその中に含蓄されておる。若しこれを敷衍《ふえん》し解説すれば、大きな理論体系が出来上がるでありましょう。そこに勝れた古典の無限の価値があるわけであります。

雑書雑読は役に立たぬ

こういう時局になって参りますと、所謂雑識では役に立ちません。やはり「腹中・書有り」というような、自分の腹の中に哲学や信念がないと、到底解決・善処が出来ません。

この頃はいろいろの国際会議が開かれ、国家と国家との会議といったものも多くなりましたが、こういう国際的な会議など特にそうであります。外国のその道の専門家がひそかに、日本の政治家や、全権とか使節とかになって国際的な会議に出席する人々を評して、日本人は議場等に於ける事務的な話は達者に出来るが、どうも会話が大変拙《つたな》いと言うております。

つまり日本人は、お互いに親しく語り合って、最も本当のことが言え、又最も理解し合うのに有効な、所謂ロビーとか、或いは食卓を囲んでお茶や食事を一緒にするとか、というような俗に言う上下《かみしも》を脱いだ自由な席に出ると、まるで人が変わったように話が出来ないと言うのです。これは要するに自分自身に、哲学とか、信念とか、人間的教養といったものがないからであります。

その点、さすがにヨーロッパやアメリカの人達は違う。今、時代の一番の花形のように活躍しておる代表の一人は、何と言ってもアメリカのキッシンジャーでありましょう。

この人などその一例でありまして、この間もプレス・クラブでキッシンジャーの話が出ておりましたが、彼に関しては何のかのと批判はあります。人相もあまり好ましくないが、兎にも角にもナポレオン時代の名高いメッテルニッヒの研究で学位を取った人物でありまして、従ってヨーロッパの近代史、特に外交史には精通しております。

又根がそういう学究でありますから、アラブやイスラエルの問題にしても、中国やベトナムの問題にしても、なかなかよく勉強しておりまして、それらの国の歴史から始まって、人物の事績というようなことまで相当くわしく知っておるということであります。そのために大変会話が巧みであるのみならず、第一に内容がある。ああいう人を向こうに廻して、自由に談笑しながら、きびきびと応酬してゆく芸当は一寸《ちょっと》日本人では出来ない。そういうところに日本の大きなマイナスがあるのではないか、とこういうことを言うておりました。

日常われわれの間でもそうですね、話し合いという言葉がありますように、ご互いに親しく話し合っておる間に難しい問題も案外簡単にかたづくものです。理屈や予定の筋書というようなものでは微妙な問題は解決出来ません。そうなると、普段の教養が物を言うわけでありまして、やはり権威のある書というようなものが自分の中に本当にこなれておらなければならない。これは俄《にわ》か仕立ては利《き》きません。

六中観

私の『百朝集』中にも入れてあり、又すでに皆さんにもたびたび引用致しましたので、ご記憶の方も多いと存じますが、私は時々「六中観」ということを申します。

先ず、

「忙中、閑《かん》有り」、忙しい中に閑がある。閑は自ら見つけ出してゆくものです。

「苦中、楽《らく》有り」、苦しい中に楽しみがある。

本当の楽というものは、楽の中にあるのではなくて、苦の中にある。苦中の楽、これが真の楽というものです。

いつか『師と友』に書いたことがありますが、昔から煎茶《せんちゃ》は三煎と言って、煎茶というものは三度湯を改めて味わうものとされております。第一煎で、良い茶によく湯加減をして注ぐと、葉の中に含まれている甘みが出て来る。先ずこの甘味を味わうわけです。第二煎ではタンニンの苦味、そうして最後にカフェインの渋味を味わう。

しかし甘・苦・渋の三味は決して別のものではない。三味が一つに融け合っていて、甘味の中に苦味・渋味、苦味・渋味の中に甘味がある。甘味が苦味・渋味にならぬと、本当の甘味ではない。そのことを茶道のベテランは皆知っておる。ところが最近端《はし》なく（思いがけなく）もこれが化学的に解明されまして、その真実であることが実証されました。即ちタンニンの中にカテキンというものが含まっておりまして、それがとても甘い。あの苦いタンニンの中にどうしてこんな甘味があるのか、と思われるくらいの甘味が含まっておることがわかりました。つまり、甘味がそのまま苦味になっておるわけです。

人間も甘いうちは駄目で、少し苦味が出て来ないと本物ではない。言葉でも、本当の為になる言葉は多く苦言であります。「苦言は人のためになる」と言いますが、実際その通りでありまして、甘言を愛するようではまだまだ出来ておらぬ証拠であります。

まあ、そういうことで化学的に言うても、甘苦は一つでありますから、楽も甘い楽ではなくて、苦中の楽にならなければいけない。文字通り苦楽を味わう、又共にするという風にならなければいけない。真理はどの点から観じても、帰着するところは一つであります。同様に、

「死中、活有り」、死の中に活きるということがある。

うかうかと生きるのは本当に活きるのではない。死を観念する中に本当の生がある。死を通じて活を知り、活の中に死を見る。これが人生の本当の生き方でなければなりません。

「壺中《こちゅう》、天有り」、壺《つぼ》の中に一つの世界がある。別天地がある。

昔、中国の或る町の役人が、——今日で言えばさしずめ市役所の職員といったところでしょう——夕方仕事を了《お》えてぼんやり通りを眺めておったところが、前方の城壁に沿うて露店が並んでおりまして、中に一人の薬売りの老人がおる。

見るともなしに見ておると、やがてその老人は店をたたみ、後ろの壁に掛けてあった壺の中にすうっと消えてしまった。ああ、これが仙人というものだなあというので、翌日、店をしまう頃を見計らって老人のところへ出かけて行き、〝実は昨日窓からみておったが、あなたは仙人だろう。是非私も一緒に壺の中へ連れていって

はくれまいか〟と言って頼んだ。

すると老人は、〝見られたのなら仕方がない、よしっ、連れてはいってやろう〟と言ったかと思うと、気がついた時にはもう壺の中にはいっていた。そこは山水秀麗の別天地で、立派な建物が立っていて、役人は非常な歓待を受けて、又俗世間に還されたというのであります。

この話から「壺中の天」という故事が生まれておる。これは言い換えれば、楽しみというものは、この現実の生活、この人生の中に発見されるものであって、決して別の世界にあるのではないということであります。

「意中、人有り」、心の中に人がある。

俗世間では意中の人と言うと、恋人のことに決めておるのですが、それは一例であって、別に恋人に限らない。もっと広い意味に於て意中に人の用意があることです。

われわれが日常生活を営む上においてもそうです。やれ、歯を悪くした、目を悪くしたというような場合、病気に罹《かか》ってからあわてて医者を探すようではいかん。歯ならあの歯医者、目ならこの眼医者、という風に咄嗟《とっさ》の必要に応じられるように普段から意中にその人を持っておると、どれだけ人生に役立つかわかりません。

大きな例を申しますと、一国の宰相たらんとするほどのものは、平生からちゃんと、自派の中だけでなく、いざという時にはどうしても他派の協力が必要ですから、あのポストには何派の人物、という風に意中に人を持っていなければならない。組閣に苦しむようでは、立派な政府は出来ません。

しかしそういう宰相など滅多におらない。大抵はもう人事に苦労して、結局は時の勢いで思うような組閣が出来なくなってしまうというのが常であります。意中に人を持つということは難しい。けれども、これは大なり小なりわれわれにとって大変大切なことであります。

「腹中、書有り」、腹中に書を持っておる。

先程も申しましたように、自分に哲学・信念を持っておるということです。しかし多くを読む必要はない。雑書を雑読しても、割合に役に立たぬものです。よく腹中万巻の書などと言いますが、万巻でなくても、『中庸』なら『中庸』一巻でよい、本当にわがものにするということが大事であります。

特に『中庸』は、儒書と申しましても、儒教ばかりでなく、老荘思想も含まっておりまして、皆さんにとっても本当に勉強のし甲斐のある古典であります。

仲尼曰、君子中庸、小人反二中庸一。　（二章）

仲尼《ちゅうじ》曰く、君子は中庸、小人は中庸に反《はん》すと。

中とはあらゆる矛盾を総合・統一して、絶えざる進化を遂げてゆくことです。庸もなかなか意義深い文字でありまして、前回にもお話しました通り、普通は凡庸の庸——つまらぬという意味につかい勝ちでありますが、本来は決してそういう意味ではない。庸は庚（こう、更《あら》める意）＋用でありまして、第一は用いるという意味（ついでに賡——庚の下に貝を書くと、更めてつぐ・うけるという意味になる）。しかし用いるにはそこに常則・法則がなければならない。つまりつねという意味。そうすると必ずそれだけの成績が上がる。そこで成績・功績の意がある。成績が上がると、次第に人がそれに注意し、理解して共鳴するようになる。だから和する、やわらぐという意が出てくる。又人を用いるから、やとうであり、雇人である。

更に——これは佞や奸も同じことですが……つね・常則というところから一転して、当たり前・並＝なみ、凡とくっついて凡庸というような語を生むようになる。

しかし本来は庸は決してそうではなくて、人間の厳粛な統一原理を意味する文字であります。

仲尼（孔子）は言われた、君子が世に処するに当たっては、誰にも通ずる常則をふまえて、あらゆる矛盾・相剋《そうこく》を克服して、どこまでも進歩向上して已《や》まぬが、小人はその反対であると。小人は常に私心・私欲によって生きますから、どうしても頑迷・固陋《ころう》に陥って進歩向上しない。

君子也中庸也、君子而※時中。小人之反㆓中庸㆒也、小人而※無㆓忌憚㆒也。（二章）

君子の中庸や、君子よく時中《じちゅう》す。小人の中庸に反するや、小人よく忌憚《きたん》するなきなり。

※而は普通「……して」と読むのでありますが、明代の大学者兪曲園《ゆきょくえん》は『羣経《ぐんけい》平議《へいぎ》』という書物を引用して、「二つの而の字は当《まさ》に能（よく）と読むべし。古書には能の字を耐に作り、或いは省いて而に作る」と注釈しております。

君子の中庸とは、あらゆる場合、あらゆる問題をよく考え反省して、そうして常に進歩向上してゆくのである。これに対して小人の中庸に反するというのは、ああやってはいかん、こうやってはいかん、というふうに良心的に忌《い》み憚《はばか》るところが少しもない。つまり小人というものは自分の私心・私欲によって動いて、そこに反省というものがない、と慨歎《がいたん》されたわけであります。

（昭和四十七年十一月二十九日）

論語の人間像

一　時代背景

三聖人輩出の時代

今回は『論語』を用いて、と言っても開巻第一ページから講義をするのではなくて、『論語』を通じて、孔子を中心にその代表的な弟子、及びその時代に活躍した人々の、所謂《いわゆる》人物群像とも言うべきものを探ってみようという次第です。

われわれは『論語』を通じて、孔子という人に参じ、眼をいろいろの面に放っていきますと、本当に限り無い感興を懐《いだ》かされるのでありますが、そもそもその時代からして一入《ひとしお》興味の深いものがある。それは世界の人類文化の淵源《えんげん》をなすと言われる偉人がたまたま東西時を同じうして、或いは相前後して現れておるということであります。

先《ま》ず、ヨーロッパではソクラテス。ご承知のようにヨーロッパ文明の淵源をなすものはギリシャでありますが、そのギリシャの中でも後世に最も大きな影響を与えた人は、何と言ってもこのソクラテスであります。そうして東してインドにおいては言うまでもなく釈迦、更に東してシナに参りまして孔子、この三人が相前後して出たわけであります。

釈迦・孔子・ソクラテスを世界の「三大聖人」と言う。又この三大聖人にクリストを加えて「四聖」と呼んでおりますが、四人の中ではクリストが最も後で、一番の先輩は釈迦、少し後れて孔子が出ております。しかし釈迦と孔子とではいくらも違わない。わずかに釈迦の方が十二乃至《ないし》十五歳上のお兄さんである。ソクラテスの方は孔子の晩年に生まれておりますから、少し開きがある。

年代で言いますと、孔子は紀元前五五二年から四七九年というのが通説であります。いずれにしても、釈迦・孔子・ソクラテスの三人の偉人が紀元前五、六世紀の頃に相前後して世に出たということは、すこぶる印象的であります。

紀元前五、六世紀といえばユダヤ民族がエジプトとバビロンとの間に挟まって惨憺《さんたん》たる苦労をしておった頃で、丁度今の、アラブとイスラエルの争いを思わせるものがあった。シナでは周王朝の時代で、その周室の王権が、内部的な頽廃《たいはい》と外部からの攻撃とによって、漸《ようや》く衰退に向かっておった。

周王朝は初め山西・陝西《せんせい》地方から発し、平王《へいおう》の時代に故郷の地を去って、黄河の流域に到り、東西に進んで名高い洛陽《らくよう》に都を遷《うつ》した。これを周室の東遷と申しますが、それは紀元前七七〇年頃のことである。それから前四四〇年までの間を春秋と言い、春秋の後を戦国と言う。だから孔子は春秋の終わりに生きたわけです。

春秋・戦国の時代

周王朝が山西・陝西に興った頃のシナには、大体千八百くらいの封建国家があったとみられるのでありますがそれが弱肉強食の結果次第に減って、春秋の初めには百四十あまりになり、やがて末期には二十乃至十五の代表勢力にまで要約されるに到った。これらの諸国家が栄枯盛衰・治乱興亡を繰返して、春秋・戦国に多彩な歴史をつくったのであります。

今、その頃の治乱興亡の迹《あと》を内面的に考察すると、今日の中共などを見ておって一入感慨をもよおすのですけれども、結局つきつめて言うならば、人間が健全であるか、頽廃するか、ということの二つに帰着する。人間というものは、苦難の中から成功するのであるが、いざ成功すると、容易に頽廃・堕落して、やがて滅亡する。これはいつの時代でも同じことでありまして、人間は性懲りもなくこれを繰返して来ておるわけであります。

「成功は常に苦辛（苦心）の日に在り、敗事は多く得意の時に因《よ》る」とは誰もが知っておる名高い格言ですが、実際その通りであります。この句は昔からよく聯《れん》（対句を左右にかかげるもの）などに書いてありますが、苦辛の辛は心という字を書いたのもある。これはその人の好みでどちらでもよいが、苦はにがいものであるから、辛と合わせた方が面白い。兎《と》に角《かく》人間というものは、苦心惨憺して初めて成功するが、折角《せっかく》成功するというと、弛《ゆる》みが生じ、やがて驕《おご》りが出て来る。驕りが出て来ると、必ず猜疑《さいぎ》嫉妬、他をそねみ疑うようになる。それまでお互いに助け合い信じ合って来たものが、今度は一転して不和になり、相争うようになる。今、流行の言葉で言うと、奪権闘争をやるようになる。

その結果、治安・秩序が乱れ、その乱れに内外から乗ぜられて、破滅衰亡する。これは洋の東西を問わず、昔も今も変わらない。二十世紀も後半にはいって、これだけ文明が進歩したのであるから、そういう面においても進歩したかと言うと、少しも進歩しておらぬ。ソ連をご覧なさい、昔のままの奪権闘争をやっておる。その本《もと》は人間の堕落、精神・道徳の頽廃であります。

二　此の時代の人物の種々相

そこで道徳的・精神的に堕落し、中央集権が衰えて、次第に混乱に陥っていった孔子の時代に、一体どういう人物が世の中の表面に立って活動したか、ということを『論語』の上から調べてみると、これが又実に面白い。

佞・美

子曰、不※有祝鮀之佞、而有宋朝之美、難乎、免於今之世矣。（雍也）

子曰く、祝鮀《しゅくだ》の佞《ねい》ありて、宋朝《そうちょう》の美有らざるは、難きかな、今の世に免かれんこと。

（※不有の不は佞美の両方にかけずに、佞有らずして、宋朝の美有るは、と読んでも宜しい）

祝鮀の祝は祭祀官を意味し、鮀は名前。衛の人で、雄弁家。宋朝は宋の公子、朝のこと。衛・霊公の夫人南子《なんし》の情人で、大変な美男子であったという。孔子が言われた、「祝鮀のような雄弁と、宋朝のような美貌がなければ、到底今の世につまずかずに出世することは難しい」と。

その時代に時めいた人物の代表の一例が、祝鮀であり、宋朝であったわけですが、要するに雄弁――表現の上手な口のうまい人間、或いは風采《ふうさい》が立派で堂々たる人間、そういう人間が世の中に表面に立って活動しておったということです。これは言い換えれば、曲学阿世《きよくがくあせい》といった連中であります。

聞人と達人

その次に、何等かの才能を持って盛んに活動する名士というものが現われ、所謂時代の人、時の人であります。今日の日本を見てもわかりますね。自民党や社会党などにこういう人間が大ぜいおりまして、盛んに奮闘活躍しております。中には割合長く名声を維持するものもあるけれども、大抵はすぐ没落してしまう。孔子の時代にもそういう名士が時めいておったわけです。が、この名士、本当は聞人というものだと孔子は言われる。

子張問、士何如斯可謂之達矣。子曰何哉、爾所謂達者。子張對曰、在邦必聞、在家必聞。子曰、是聞也、非達也。夫達者、質直而好義、察言而観色、慮以下人。在邦必達、在家必達、夫聞者色取仁而行違、居之不疑、在邦必聞、在家必聞。（顔淵）

子張問ふ、士如何なればこれを達と謂ふべき。子曰く、何ぞや、爾《なんじ》がいはゆる達とは。子張対《こた》へて曰く、邦《くに》に在りても必ず聞こえ、家に在りても必ず聞こゆ。

子《し》曰く、これは聞《ぶん》なり、達《たつ》にあらざるなり。それ達なるものは、質《しっ》直にして、義《ぎ》を好み、言《げん》を察して色《いろ》を観、慮《はか》って以て人に下る。邦にありても必ず達し、家に在りても必ず達す。

それを聞《ぶん》なるものは、色に仁《じん》をとりて行ひは違《たが》ひ、これに居りて疑はず。邦にありても必ず聞こえ、家に在りても必ず聞こゆ。

弟子の子張が孔子に訊《たず》ねた、「士人はどのようであれば、これを達人と言えるのですか」と。孔子言う、「一体どういう意味であるか、なんじが言うところの達というのは」。「はい国家の職におっても必ず有名になり、王室や大名家の家老職におっても必ず有名になる、これが達人というものではないでしょうか」。

「それは聞、有名になるということであって達人ではない。そもそも達人というものは、性質が真っ直ぐで、名や利を好むのではなくて、人間が如何にあるべきか、又為《な》すべきか、という義を好み、人の言うこと・主張することをただ言葉通りに聞くのではなくて、よくその言葉の奥を察して真実を見究め、万事心得た上で謙遜に人に下るのである。だから国家の職におろうが、王室や大名の家老職におろうが、どこにおろうが、必ず達する、立派に用いられる。

これに対して聞――聞人というものは、世に所謂名士というものは、如何にも表面では仁をとるが如く見え、世のため・人のためというような仁らしいうまいことを言うが、実際の行は、まるで仁とは違う。然も自分では一向良心の呵責《かしゃく》もなく平然とその地位におって、うまく人心に投じ、時に乗じて、要領よく世渡りをしてゆくから、国家の職におっても、王室・大名に仕えておっても、どこでも有名になる」

こう言って孔子は達人と聞人の違いを諄《じゅん》々と教えておる。この問答の時の子張は、華やかな動きに眼を奪われて、まだ本当に時世なり人間なりを観る眼が出来ておらなかったと見える。

聞人を現代の語に翻訳すると、何とかタレントというものです。今日、テレビタレント、経済タレント、政治タレントなどといろいろのタレントがあって、ただ表現や口先がうまいとか、風采が立派だというだけで、流行児・時の人・名士になって、得意気に動き廻っておりますが、孔子の時代と言葉が少し違うだけで、実質は同じであります。

郷原

また、聞人とは少し意味が違って、同じく世の中に大層通りのよい人間がおる。これを郷原《きょうげん》（愿）と言うておる。正直に自分の意見を主張して、論戦したり、反対したり、というようなことは一切しない。自らの見識、信念に従って堂々と行動しない。誰にでも調子を合わせて、自分だけいい子になってゆく人間、つまり世渡りのうまい人間のことを、郷原と言うのであります。

子曰、郷原徳之賊也。（陽貨）

子曰く、郷原は徳の賊なり。

郷原、郷は村、一地方、原《げん》はまこと・善の意で、つまり村や田舎の善人でありま す。孔子が言われた、「田舎の善人と言われるものは——あの人は善い人だと評判のよい人間は、上っ面だけ調子を合わせていい子になろうとするから、却《かえ》って徳をそこなうものである」と。

郷は別に村・田舎に限らない、生活の場、職場みな郷です。郷原については『孟子』にくわしく書いてありますが、現代にもおりますね。政界を見ても、財界を見ても、その他どこの分野を見ても、郷原がたくさんおります。心の中ではそうではないがと思っておっても、はっきり言わない、調子を合わせる。みなこれ郷原であります。

以上のように春秋から戦国にかけての時代は、佞・美の人間、名士・聞人・郷原といったものが時代を支配し、或いは時代の代表的な存在であった。そういう中に孔子が現れて、これも釈迦もソクラテスもみな同じでありますが、聞人や郷原を向こうに廻して自らの信ずるところに従って、堂々と主張し、行動したのでありま す。これはその一つの解明であります。

三　孔子の人と為り

辛酸を嘗めた少年時代

孔子は魯の国・陬邑《すうゆう》というところに誕生し、名は丘《きゆう》、字《あざな》を仲尼《ちゆうじ》と言う。尼丘《にきゆう》という霊地に祈願をかけて授かった子である、というのでこの名がつけられたと一般にはされておる。

ところがいろいろ書物をみると、孔子の頭は上部が発達していて、頭頂が凹《へこ》んで丘のように平たくなっておったので、そこからこの名が出たという説もある。名前の出所は兎も角として、頭が上方に発達しておったということは、これは生理学の上から言うてもうなずける。哲学とか、宗教とかいった、精神的な面に秀《すぐ》れた人は、どうしても頭の上の方が発達する。兎に角孔子は、あれだけの人ですから、常人に較《くら》べて異相であったとしても、決して不思議ではありません。

副論語と言われる『孔子家語《こうしけご》』によると、孔子のお父さんは叔梁紇《しゆくりようこつ》(或いはしゅくりょうきつ)と言い、家は貧乏ではあったが、陬邑地方の代表的な家系であった。

叔梁紇の一生の行事《こうじ》はよくわかりません。ただ大変武張《ぶば》った（勇ましい）、厳しい性格の人であったようであります。

孔子を生んだお母さんの徴在は後妻で、先妻の腹に九人の女と一人の男の子（兄）があったという。この頃批孔運動で孔子の事を老二というが、そのためです。そうしてお父さんの叔梁紇は孔子が三歳の時に亡くなり、しばらくしてお母さんの徴在も亡くなっておる。まあ、異説はあるけれども、家が貧乏で、子供がたくさんあって、両親に早く死別した。然も孔子は一番の末子ですから、それだけで孔子という人はどんなに苦労したかということがよくわかる。

事実、もう少年の頃から働きに出て、例えば季氏の家に使われて、会計掛りのような仕事もやらされれば、豚や羊の飼育もやらされる、という風にいろいろの仕事についてつぶさに苦労を嘗めておるのであります。

多能の君子

太宰問於子貢曰、夫子聖者與、何其多能也。子貢曰、固天縱之將聖、又多能也。子聞之曰、太宰知我者乎。吾少也賤。故多能鄙事。君子多乎哉、不多也。（子罕）

太宰《たいさい》、子貢に問ふて曰く、夫子《ふうし》は聖者か、何ぞ其れ多能なるや。子貢曰く、固《もと》より天縦《てんしょう》の将聖にして、又多能なり。子これを聞いて曰く、太宰、我を知れる者か。吾れ少《わか》くして賤し。故に鄙事《ひじ》に多能なり。君子、多ならんや、多ならざるなり。

太宰は宰相の意味ではなくて、呉の国の官名で、六卿《りくけい》の一つであります。呉の国の太宰が子貢に訊ねた、「孔子のような方を所謂よく出来た人と言うのでしょう、何とまあ、よういろいろのことが出来ますね」と。この場合の聖者は、聖人ではなくて、通俗的な意味でのよく出来た人という意です。

すると子貢が、「もとより先生は生まれつきの天のゆるした、何の捉われるところもない自由自在の徳を持った大層立派な人であってその上に何でもよくお出来になります」と答えた。

それを聞いて孔子はこう言われた。「さすがに太宰は私のことをよく知る人である。私は少年時代には貧賤であった。だからつまらぬことでも何でも出来るようになったのである。一体君子というものはそんなにいろいろの事が出来るものであろうか。いや、つまらぬことなど出来たとて君子にとって問題ではないのだ」と。

又、そのすぐ後にこういうことも言われております。

牢曰、子云、吾不試、故藝。（子罕）

牢《ろう》曰く、子云ふ、吾れ試《もち》ゐられず、故に芸ありと。


孔子の弟子の牢が言った、先生は「自分は世に用いられなかった。そのためにいろいろのことが出来るのだ」と言われたと。

面白いですね。要するに人間は、あれもこれもと何でも出来るなどというのは、決して自慢にはならぬということです。それよりも何か一つのことに打ち込んだ方がよい。

『論語』にも「君子、多能を恥づ」という言葉がある。よく世間には、ちょっと将棋も指すし、碁も打つ、小唄も歌えるし、ソロバンもうまい、というような人間がありますが、これはそれだけ気を散らすことであって、よほどの大才か、天分が豊かでない限り、ろくなものになる筈《はず》はない。だから能力のないものは尚更のこと、よし非常な能力があってもあればあったで、その能力を一つのことに集中すれば、はるかに役に立つ大きな仕事が出来るというものです。

中学にはいって間もない頃でしたが、私は或る先生から初めて碁・将棋というものを教わった。やってみると面白い。二、三手教わって、其の先生と碁を打ったら、私が勝った。そんな筈はないのだがというので又やったら、又勝った。それでも先生は悔しそうに、〝いや、君は碁の天分がある〟などと言って大層褒めてくれた。その時に好い気になって碁や将棋に熱中しておったら、私も今頃はどうなっておったかわからぬと思うのでありますが、父や母から〝そういうことは学校を出てからやれ〟と厳しく言われて、それからはすっかり止めてしまいました。

しかし剣道は私自身も好きで、これは親も許してくれたので、随分やりました。先生は、これは後でわかったことですが、鍋山貞親《なべやまさだちか》氏の叔父さんに当たる人で、よく〝君は天分がある〟と言って褒めてくれました。その頃大阪府に初めての医科大学が出来て、府下中学校の剣道の対抗試合が行われ、それに出場して優勝しました。その時の写真がずうっと母校の中学に掛けられてありましたが、終戦後はどうなっておりますか。後に京都の武道専門学校を出た若い先生が来られたが、この先生から〝君は武専（武道専門学校）に入って剣道家になれ、必ず名人になる〟と言って随分奨《すす》められたのを覚えております。

そういうことで私なども、少年の頃からやろうと思えばいろいろのことが出来た。出来たが幸い側《そば》に物のわかる人がおって、丁度果物の餘分《よぶん》な花や実をもぎとるように、それは止めておけ、あれはするなということで、餘計なことをさせてくれなかったから、このように無能である。しかし無能のお蔭でどうやら無事にここまで来られたと思う。

近頃流行の言葉に日曜大工というのがあります。折角の日曜日だというのに、女房が待ち構えておって、やれ棚を吊れだの、戸を直せだの、と亭主をこき使う。私などは不精で何も出来ぬから、家族も諦めて何も頼まない。お蔭で悠々としておる閑《ひま》がある。器用貧乏という言葉があるが、その通りですね。

世の中には忙しいと言いながら、ゴルフをやったり小唄を習ったり、碁を打ったり将棋を指したりで、悪い意味の道楽者が案外多い。そうして人生を実にもったいなく無駄に過ごしておる。人間はやはり、鄙事《ひじ》に多能になるよりも、無能になった方がよい。孔子はそういうことをちゃんと弁《わきま》えておられた。本当にわれわれの日常生活にひしひしとひびく言葉です。

もう一つ、孔子の真面目《しんめんぼく》をうかがうのに面白い一節がある。

感激性の豊かな人

葉公問孔子於子路。子路不對。子曰、女奚不曰、其為人也、發憤忘食、楽以忘憂、不知老之將至也云爾。（述而）

葉公《しょうこう》、孔子を子路に問う。子路対《こた》へず。子曰く、女《なんじ》なんぞ曰はざる、其の人と為《な》りや、憤を発して食を忘れ、楽しんで以て憂を忘れ、老《おい》の将《まさ》に至らんとするを知らざるのみと。

最後の云爾《うんじ》の二字は、しかいう、と昔は読んだものですが、これは助字ですから、日本語では読まなくて宜しい。

葉公が、「孔子という人は一体どういう人ですか」、と子路に訊ねたが、子路は答えなかった。答えなかったのか、答えられなかったのか、いずれかわからぬが、兎に角、子路は何も言わなかった。

それを聞いて孔子はこう言われた、「お前はどうして言わなかったのか、その人と為りは、憤を発しては食も忘れ、道を楽しんでは憂いも忘れて、やがて老いのやって来ることにも気がつかない」と。

こういう人です、孔子という人は。さすがによく自らを語っておる。発憤は言い換えれば、感激性というもので、これは人間にとって欠くことの出来ない大事なものである。

丁度機械で言えば動力、エネルギーのようなものです。どんな優秀な設備・機械でも、動力がなければ、燃料がなければ動かない。発憤は人間の動力であり、エネルギーである。従って発憤のない、感激性のない人間は、いくら頭が良くても、才があっても、燃料のない機械・設備と同じことで、一向役に立たない。

燃料と言えば、昨年の暮れは石油不足で大騒ぎをしたのでありますが、今日の日本にとって一番大事なものは、何と言っても油です。原子力は日本ではまだそれほど開発されておらぬから、油がなければどうにもならない。ご自慢の近代産業、近代工業も忽《たちま》ち動かなくなってしまう。

その油も、殆ど九十パーセント以上も外国からの輸入であって、大部分はアラビヤ方面から入れておる。だからマラッカ海峡を押さえられたら、日本はお手上げでありましょう。ちょっとアラブに争いがあっただけで、先般のような影響を受けるのですから、それこそ大騒ぎどころではない。これは日本の大きな弱点であります。

まあ、それは餘談として、兎に角人間に発憤、感激性というものがなければ、外の条件がいくら揃っておっても、役に立たない。「感激の魂よ、汝をはらめる母は幸いなるかな」とダンテも言うておるが、本当にその通りであります。

しかしその発憤も、孔子の場合は並のものではない。「憤を発して食を忘れ」、めしを食うことも忘れてしまうのである。発憤、感激性にはそういうところがなければならない。ところが感激性の人はどうかすると、興奮し易い。興奮すると、今度は少し人間が変調になる。それもエモーショナル程度の穏やかなものならよいが、往々にしてエキセントリック、ヒステリックになる。これは人間の器が小さいということに外ならない。

そこで憤を発して食を忘れる反面に、「楽しんで以て憂を忘れる」、言い換えれば余裕がなければいけない。大体発憤するのは、それはいけない、こうでなければならぬ、という時であるから、人間が狭《せば》まり易い。ということは楽しみを失い易いということである。だから「楽しんで以て憂を忘れる」ところがなければならない。そうして「老の将に至らんとするを知らず」、自分が年老いてゆくことすら忘れておる。まあ、これだけのことだ、孔子という人間は、というわけです。

いかにも人間味豊かな、しかも孔子その人の本質に触れておる言葉でありまして、成る程孔子とはそういう人であったか、と大いに共鳴を感ぜしめられる一節であります。

そこで、孔子という人はそういう人であったかとわかってみると、或いはそういう点もあったであろうと思われることが一つある。

それは孔子が老子に会った時の話であります。『史記』孔子世家《せいか》を読むと、孔子は老子と会見して、問答をしております。これは考証的に言う（文や字の意味を明らかにする）と問題で、果して老子は名の如く孔子の先輩であるのか、それとも同時代、或いは逆に老子の方が後ではないのか、などといろいろ議論があり、そもそも老子の実在そのものがはっきりしないところがある。しかしそういう考証的なことを離れれば、実に面白い。勿論老子を大先輩としてそこへ年若き孔子が訪ねて行ったことになっておる。

その時に老子が、「子の驕気《きょうき》と多欲と態色と淫志《いんし》とを去れ、是れ皆子の身に益無し」と孔子に訓誡《くんかい》を与えた。俺が俺がという態度が驕気、それから多欲。態色（態度・顔色）はゼスチュア、なんでもかんでもやってのけようというのが淫志です。

これを孔孟派の人々は嫌がって、老子に反感を持つのでありますが、私共から言わせると、決して孔子を傷つけるものではない。成る程孔子の若い時にはそういう一面もあったであろうと思われる。しかしこういう烈々たるものを持ちながら、ヒステリックにもならず、ゆったりと、焦らず、躁《さわ》がずに、自己を練って、次第に円熟に持って行ったところに孔子の又偉いところがある。

四　救い難き人物

孔子と言うと、道徳の乾物《かんぶつ》のように考えておる人が多いのですが、実際は正反対で、孔子は最も偉大な人間通である。『論語』を読んでもそのことがよくわかる。随分面白いことが書かれております。

無為徒食の輩

子曰、飽食終日、無所用心、難矣哉。不有博奕者乎、為之猶賢乎已。

子曰く、飽食終日、心を用ふる無きは、難《かた》いかな。博奕《ばくえき》なるもの有らずや、これを為すは猶已《や》むに賢《まさ》れり。（陽貨）

孔子が言われた「腹いっぱい食って、一日中のらりくらりして一向に心を働かさないというのは、何とも困ったものだ。それなら博奕《ばくえき》——双六《すごろく》や碁・将棋といった勝負事があるではないか、まだその勝負事でもやった方が何もしないでごろごろしておるよりもましだ」と。

孔子が世間の普通の人が考えておるような人であれば、なかなかこういう言葉は言えぬ筈であります。

小ざかしい人間

子曰、羣居終日、言不及義、好行小慧、難矣哉。（衛霊公）

子曰く、群居終日、言、義に及ばず、好んで小慧《けい》を行ふ、難いかな。

孔子が言われた、「様々な人間が一日中大ぜい集まっておって、話が少しも道義のことに及ばない、そうして小ざかしいことを好んでやっておるのは、本当に困ったものである」。

痛い言葉ですね。何とかクラブというようなところへ行ってみると、よくわかる。忙しい忙しいと言いながら大ぜい集まって、あちらでは碁を打っておるかと思うと、こちらではつまらぬことをべらべらしゃべっておる。折角の会合だからというので行ったのに、いつまでたってもそれらしい話が出て来ない。そうして小智慧のまわるようなことをやってお茶をにごしておる。小慧は、小智慧がまわるとか、小才が利くとかいう意味です。

こういう人間はどこに行ってもおるもので、日常生活・社会生活の中でわれわれのしじゅう経験するところであります。肝腎のことにはさっぱり役に立たぬが、つまらぬことになると、ああ、それはこうすればよいのだ、というふうに小智慧のまわることや小才の利くことをやる。そういう人間は困ったものだと孔子は言われるのでありますが、確かにその通りでありまして、孔子という人はいかに人間というもの・世間というものを知っておったかということがよくわかる。

女子と小人

子曰、唯女子與小人、為難養也。近之則不孫、遠之則怨。　（陽貨）

子曰く、唯《た》だ女子と小人とは養い難しと為す。これを近づくれば即ち不孫、これを遠ざくれば則ち怨《うら》む。

孔子が言われた、「女子と小人とはまことに養いにくいものである。近づけると、狎《な》れて無遠慮になり、遠ざけると怨む」。

小人は、いつまで経っても人間として成長しない人、つまり普通の人という意味です。子供も、そういう点で未熟ですから、小人の中にはいる。この一節は昔から世のフェミニスト達によって攻撃されるのでありますが、これは攻撃する方が間違っておる。大体人間というものは、女子・小人に限らず、そういう傾向があるものです。よほど修養した人、出来た人は別として、そうでなければ、近づければ不遜《ふそん》になり、遠ざければ怨む。本当に始末の悪いものです。

（陽貨）

四十になって人から見切りをつけられる人間

子曰、年四十而見悪焉、其終也已。

子曰く、年四十にして悪《にく》まるるは、其れ終らんのみ。

孔子が言われた、「人間、年の四十にもなって、人から見切りをつけられるようでは、もうお終《しま》いである」と。

悪は、所謂にくむではなくて、嫌悪《けんお》の悪、見切りをつける、愛想をつかすという意味です。年の四十にもなって、人から〃あれは駄目だね〃と言われるようでは、もう人間もお終いだというのでありますが、お互いを考えてみても、確かにそうですね。若い時はすべったり転んだりでいろいろあるけれども、年の四十にもなったら、孔子の言われた不惑にもなったら、やはりその人相応に出来てくるのが本当です。

「桃栗三年、柿八年」と言うが、桃や栗は三年栽培すれば、食える、実が成る。柿も八年栽培すれば、食える、実が成る。つまり、桃は桃なりに、柿は柿なりに、一通りものになるわけである。人間の四十歳というのは、人間がその人間なりにものになる年である。だからその年になったら、人から〃さすがに四十になったら変わった。やはり見所があるなあ〃と言われるようにならなければいけない。

その人間を最もよく表わすものは顔ですね。前にもお話したことですが、リンカーンが大統領の時に親友の一人が或る人物の採用を依頼した。ところがいつまで経っても採用してくれないので、リンカーンにその理由を尋ねたところが、〝人相が気に入らぬ〟と言う。それで〝大統領ともあろうものが人相で採用を決めるとは何事か〟と言って詰めよると、リンカーンは〝いや、そうではない。人間は年の四十にもなれば、己の面《つら》に責任がある〟。

こう言ってとうとうその人物を採用しなかったという。面は面相、人相です。すべてが人相に現われるのですから、その人間を知るのに人相くらい的確なものはない。だからリンカーンの言うように、人は四十にもなったらその人なりに、人相が出来なければいけない。

しかし人相といっても、面相だけが人相ではありません。身体のあらゆる部分に相があって、それをひっくるめて人相と言うのです。

例えば、頭には頭相、手には手相、肩には肩相があり、又背中には背相、腹には腹相、臍《へそ》や尻に迄それぞれ臍相《せいそう》、臀相《でんそう》というものがある。中でも背相などはいろいろ複雑な意味を持っておる。

『孟子』に「面に見《あらは》れ、背に盎《あふ》る」と書いてあるが、人の豊《ゆた》かさは面よりも肩に多く現われる。去りゆく人の後ろ姿を見送って、肩が淋しいなどと言いますが、これは大いに意味がある。何か失望落胆しておるか、精神的肉体的に活力を失っておるか、それとも所謂運が悪いか、いずれにしても何かが現われておるわけです。又肩は、げっそり落ちたのや、いかり肩はよくない。ふっくらとなだらかで、円満でなければいけない。肩肘《かたひじ》を張るのは小人のやることです。

まあ、それはさて措《お》いて、何と言っても人相の代表的なものは顔、面相でありまして、すべてが顔に現われる。

これについてはもう随分前に、ベルリンの医科大学の皮膚科で東洋の人相の書物を集めて研究しておるということをご紹介して、お話したことがあります。われわれの顔面皮膚——面皮というものは非常に敏感で、体内の機能の末梢部がすべてここに集中して、その過敏点で埋まっておるという。従って善悪共にすべてが顔に現われる。況《いわん》や四十五十ともなると、その現われはもう決定的でありまして、正《まさ》にリンカーンの言う如く、己の面に責任がある。孔子は本当によく人を観ております。

もう一つ、四十歳に関連した一節がある。

子曰、後生可畏也。焉知来者之不如今也。四十五十而無聞焉、斯亦不足畏也已矣。（子罕）

子曰く、後生畏《こうせいおそ》るべし。焉《いづくん》ぞ来者《らいしゃ》の今に如《し》かざるを知らんや。四十五十にして聞こゆる（或いは聞く）こと無くんば、斯《こ》れ亦《また》畏るるに足らざるのみ。

孔子が言われた、「後生――後輩・後進というものは大いに畏敬しなければならない。後から来る者がどうして今の先輩に及ばないということがわかろうか。しかし如何に有望な後生でも、四十五十になって世間の評判にならぬようならば、これは畏敬するに足らない」と。

まことに感慨の深い言葉であります。兎角《とかく》人間というものは、自分が偉いと己惚《うぬぼ》れて、若いもののあら探しをやるものであるが、さすがに孔子は違う。何も先輩が偉いと決まったものではない、それどころか後生の中からどんな偉い者が出て来るかわからぬと言われる。

これだけでも孔子という人は、如何に偏見や己惚れのない人であったか、又如何に青年に期待をかけておったか、ということがよくわかる。

しかし如何に有望な後生でも、「四十五十にして聞こゆること無くんば」、世間の評判にならぬようでは、これは畏敬するに足らぬと言う。古来、この聞こゆること無くんばの「無聞」の二字についてはいろいろ注釈があって、一般には只今《ただいま》のように、聞こゆること無くんばと読んで、評判にならぬのはと解釈されておるのでありますが、もう一つ代表的なものに、「聞く無きは」と読んで、道を聞こうとしないのはとする説がある。人間、若い時は仕方がないが、四十五十にもなって、人の大事な道を聞こうとしないようなものは、これは畏敬するに足らぬというのです。この方が意味が深いですね。

ところが、こういう説が又ある。別に聞く無きはと読まなくても、聞こゆる無きはと読んで、もっと進めた意味に解釈すればよいというのです。

つまり人間というものは、たとえ如何なる地位・境遇にあろうとも、四十五十になってその人なりに人間が出来て来ると、必ずその居るところ、居る範囲に於て、人の目につくものである。評判になるものである。だからその年になって存在がわからないような人間は、畏敬するに足らない。こう解釈するのが真実ではないかというのです。

これも味のある解釈でありまして、確かに事実だと思う。兎に角人間というものは、何も求めずにただ自分の学問・修養に生きておるだけでも、やはり四十五十となって来ると、必ず心あるものは目をつける。これは農業であろうが商売であろうが、学問であろうが何であろうが、同じことであります。

如何に無心にやっておっても、いや、無心にこつこつやっておる人ほど、四十五十ともなると、それだけ歳月を重ねて大成しますから、必ず世間は黙っていない。盲目千人、目明千人の諺の通り、やがて誰かが目をつけるようになる。こういう風に意味を深めるならば、聞ゆる無きはと読むことも決して浅解ではない、と私は思う。

いずれにしても、これは大層意味の深い言葉で、それだけによほど注意して解釈しないと、人を誤る。と同時にこの言葉はわれわれ自身大いに反省しなければならない。

と言うのは、名利など一切求めずに無心に生きるということは、成る程よいことではある。がしかし、孔子の言われるように、又先程のリンカーンの言葉も同じことでありますが、やはり人間というものは、四十五十にもなったら知己——己を知ってくれるものを持たなければいけない。又あるのが本当で、それがないというのは、その人の不徳である。そういう意味から言って、世にすねるような生き方は本当の道ではない。

よく自負心の強い者は、四十五十にして聞こゆること無しとなると、世をすねて、自らを高しとし、人の己を知らざるを咎《とが》めて、だんだん世に背いてゆくのであるが、これは大きな誤りである。そういう反省が一つなければならない。こういうところが孔子の人間学の純粋で豊かな点であります。

五　人の世の難しさ

千変萬化、人の世の難しさ

人間というものは本当に難しいものでありますが、その難しさを孔子は次のように言うておる。成る程と頭の下がる一節であります。

子曰、可與共學、未可與適道。可與適道、未可與立。可與立、未可與權。

（子罕）

子曰く、与《とも》に共に学ぶべし、未だ与に道を適《ゆ》くべからず。与に道を適くべし、未だ与に立つべからず。与に立つべし、未だ与に権《はか》るべからず。

一通り文字を逐《お》うて解釈致しますと、

孔子が言われた、「共に並んで学ぶことは出来ても、共に道をゆくことは出来ない。共に道をゆくことは出来ても、共に立つことは出来ない。共に立つことは出来ても、共に臨機応変、自由に問題を処理することは出来ない」というのでありますが、こういう通りいっぺんの解釈ではみなさんは満足出来ますまい。

道は、勿論道徳の道には違いありませんが、必ずしもここでは道徳と限る必要はない。もっと直接的に道と考えて宜しい。

そもそも道とは、これによらなければ、人間が存在することが出来ないもの、生活し行動してゆくことが出来ないもの、そこで道と言う。

従って人間が生活するに当たって一番大事なことは何かと言うと、先ず道をつけることですね。人生があれば必ず道がなければならぬ。道がなければ歩けない。又従って何物をも創造することが出来ない。われわれが常に歩く道も、如何に生くべきかという道も、根本は同じものである。それを道というと、何か難しい理論のように考えたり、日常生活からかけ離れたもののように思うのは、それこそ錯覚・俗解というものです。

ところが道を学ぶ人間は、兎角観念的・論理的・抽象的になって、実際から離れる、実人生から離れる。そこでその弊害を誡《いまし》めて、昔から禅僧などがよく手厳しい警告の仕方をやっておる。

例えば趙州《じょうしゅう》和尚に雲水が「道とは何ですか」と言って尋ねた。和尚答えて言う「牆外底《しょうがいてい》！——道ならそこの垣根の外にあるではないか」。「私の尋ねておるのはそんな道ではありません。大道です」。「大道、長安に通る——大道か、それならあの道だ。都の長安に通じておる」。今なら名神国道とか、東名国道とかいうところですが、これはつまり観念や論理の遊戯に堕することを誡めたものであります。

まあ、それはさて措《お》いて、こういうふうに一堂に会して共に学ぶということは、志さえあれば誰でも出来ることです。しかし同学だから同窓だからというて、一緒に道が歩けるかというと、人間というものはそう簡単なものではない。一家の中を考えてもよくわかる。

早い話がテレビを一つ見るにしても、同じものを見るということは所謂共に道をゆくことにはいるわけですが、親父《おやじ》がこれを見ようと言うたら、家族はみなそれに同調するかというと、なかなかそうではない。伜《せがれ》は伜で別に見たいものがある。孫は孫で漫画を見たがる、ということでそれぞれ違う道をゆこうとする。況や複雑な人間問題、人生問題となると、到底共にゆけるものではない。

が、その難しい道を共にゆくことが出来るとしても、それで万事片づくかというと、決してそうではない、共に立つことが出来ない。立つということは、一つのところに静止することである。安立《あんりゅう》することである。

例えば男女共学ということで、一つの学校で共に男女が机を並べて勉強する。これは簡単であるが、その男女が同じ道をゆくことは容易ではない。しかしそれも出来ぬことではない。同じ大学にはいって、同じように国文学なら国文学、英文学なら英文学をやる。つまり同じ道をゆくわけです。そこでそれならいっそ結婚しようということになると――結婚は一つのところに共に立つことです。――今度はそう簡単ではない。

この頃はよく〝恋愛はするけれども、結婚は嫌だ〟などと言う。勿論恋愛というものをご都合好く考えておる軽薄人間のいうことでありますが、しかし一面これは尤《もっと》もな言葉である。というのは恋愛と、実際に家庭というものをつくってその中に暮らす、安立するという結婚とは、まるで違うからである。気の向いた時にデートして、或る時間、或る場所で楽しむ、ということは誰でもやれるが、明けても暮れても、しかも一生をかけて、一つの家に共に暮らすということは、到底軽薄な考えで出来ることではない。いずれにしても共に立つということは難しいことである。

しかし、その難しい共に立つ、ということもまだ出来る。けれども共に立つことが出来るからというて、共に権《はか》ることが出来るかというと、これは実に難しい。権はいろいろな変化に応じてゆくという意味です。人世のことは千変万化ですから、常に権らなければいけない。ところが人間はこれがうまく出来ないために、大昔から今日まで相も変わらずに問題を起こしておるわけである。

政治家も、役人も、商人も、みな然り。毎日の新聞を見ておっても、盛んに権に誤りが目につく。宅地の問題にしても、米価の問題にしても、つまるところは権を誤るところから起こっておる。複雑な社会において正しく公平に秤定《しょうてい》してゆくことは本当に難しいものであります。

結婚も同じこと、折角恋愛をして結婚したが、即ち共に道をゆき、共に立ったのはよいが、さて複雑な世の中に処して共に権《はか》ってゆく段階となると、夫婦の考え方や為さんとするところが違って、いろいろと問題が起こる。しっくりと呼吸が合うようにやってゆくには、双方がよほど修養しないといけない。我が欲があるうちは亭主と女房の言うことが反対になる。女房の欲するところ亭主には不満である、というようなことになってうまくゆかない。

人の世の現象は千変万化であるが、こういうふうに本質にはいって説かれると、極めて簡単・簡明であります。

真の君子

子曰、質勝文則野。文勝質則史。文質彬彬、然後君子也。（雍也）

子曰く、質、文に勝てば則ち野《や》。文、質に勝てば則ち史。文質彬彬《ひんぴん》として、然る後に君子なり。

孔子が言われた「誠実・質朴というような内実が、外貌のあや・かざりよりも強ければ粗野、あや・かざりが、内実よりも強ければ、朝廷の文書を司る史官と同じで、礼にはかなっておっても誠実さに欠ける。文と質とがうまく調和して、初めて君子と言える」。

人間には質と文とがある。質は言うまでもなく内に実存するもの、即ち内実であり、内実の表現が文に外ならない。だから文はあや・かざりである。

人間に限らず万物はみな文と質との両面を持っておる。例えば窓外に見える草木、青々とした色といい、形といい、如何にも瑞々《みずみず》しい。春ともなればそこに又、花が咲き、実が成り、いろいろ変化もある。すべてこれ文である。枝も葉も根に蓄えられておるエネルギーが幹を通じて発現したものである。地中に隠れておるところの根は内実そのものである。又根の直接の表現である幹も、これは外形には違いないけれども、一番内実に近いものである。

しかし、内実というものは元来無限性のものではあるけれども、それが外に現われるほど有限的なものになる。しかも外に現われる表現というものは、これは内実が現われるのであるから実現には違いないけれども、表現は常に実現ではない。

草木で言うと、草木が成長する・繁茂するということは、それだけ内実であるエネルギーを消費することであるから、度を越して繁茂すると、根幹が弱る。逆にエネルギーが隠れて表現の力が弱ると、これは萎縮《いしゅく》ということになって、実現にならない。そこでどうしても枝葉を剪定《せんてい》したり、余分な花や実をもぎったりして、内実と表現のバランスを計り、実現になるようにしなければならない。

木の五衰《すい》といって、植木栽培の哲学がある。幸田露伴も『洗心廣録』という本の中で面白く説いておりますが、木の衰える原因を五つ挙げて警《いまし》めておるわけです。

先ず衰えの始まりは懐《ふところ》の蒸《む》れ。枝葉が繁茂すると、日当たりや風通しが悪くなって、懐が蒸れる。懐が蒸れると、どうしても虫がつく。そうして木が弱って伸びが止まる。これを梢《うら》止まりという。

伸びが止まると、やがて根上がり、裾上がりといって根が地表へ出て来る。そうなると必ずてっぺんから枯れ始める。所謂梢枯《うらが》れというものです。これが五衰でありますが、中でも根上がり、裾上がりが一番いけない。そこで土をかけたりして、出来るだけ根が深くなるようにしてやるわけです。この現象は花の咲く木も、実の成る木もみな同じことでありますが、特に人間から言って名木というような木ほど陥り易いものである。

道を学ぶことの尊さ

人間も木と同じことですね。少し財産だの、地位だの、名誉だの、というようなものが出来て社会的存在が聞こえて来ると、懐の蒸れと一緒で好い気になって、真理を聞かなくなる、道を学ばなくなる。つまり風通しや日当たりが悪くなるわけです。

よく言われることですが、名士というものは名士になるまでが名士であって、名士になるに従って迷士になるなどと申しますが、本当にそうですね。そうなるといろいろな虫に喰われて、つまらぬ事件などを起こし、意外に早く進歩が止まって、やがて根が浮上がり、最後には倒れてしまう。実業家と称するものを見ても、政治家と称するものを見ても、或いは学者だの、芸術家だのと称するものを見ても、凡そ名士というようなものはそういうものであります。

従って人間はやはり、真理を学び、道を行ずることがどうしても必要でありま す。これを忘れると駄目になる。スターリンの悲劇的な最期をみればよくわかる。毛沢東亦然りで、正に型の如き過程でああいう結末に到っておる。彼等は初めのうちは確かに英邁《えいまい》であった。ところが権力を握るようになるに従って、次第に堕落・頽廃の道を妄進し、終《つい》には晩節を誤って、ああいうことになってしまったわけである。

彼等のすることは歴史上の暴君・奸物と少しも変わらない。権力に驕《おご》り、我儘《わがまま》に振る舞い、人を疑い、人を殺《あや》め、女房・子供まで相容《あいい》れなくなって、そのために多くの妻を替えては、これを放逐したり、斬殺したりしておる。全く人間としてもなっていない。

しかしどういうものか日本の批評家なるものは、毛沢東などのそういう点については少しも論じない。恐らく決定的に没落でもすれば、俄然《がぜん》（突然に）としてやるだろうと思うのでありますが、それまでは阿諛迎合《あゆげいごう》（こびて機嫌をとる）至らざるなしということで、なんとも卑しい限りであります。

中にはわざわざ向こうまで出かけて行って、紅衛兵と同じように『毛沢東語録』を小脇に抱え、胸に札をぶら下げてついて廻る阿呆《あほう》が、代議士やジャーナリストの中にも大ぜいおる。そういう点を考えてくると、本当の偉人というものは、真人というものは、名誉や権勢の人の中にはなくて、却って無名の人の中にある。従って人間は、権勢よりも、もっと本当のもの・真実のものを求めて、それで偉くならなければならないのであります。

六　斉の名宰相・晏子

孔子・斉を去る

若き頃、と言いましても、三十代の終わりか、四十代の初めでありますが、孔子が斉《せい》の国に迎えられて、大いに用いられようとしたことがある。その時のことを記したのが、次の一節であります。

斉景公待孔子曰、若季氏則吾不能、以季孟之間待之。曰、吾老矣、不能用也。孔子行。（微子）

斉の景公、孔子を待って曰く、季氏の若《ごと》きは則ち吾れ能はず、季孟の間を以て之を待せん。曰く、吾れ老いたり、用うること能はざるなり。孔子行《さ》る。

斉の景公が孔子を待遇するのに、「魯の国の三卿の中でも貴い上卿の季氏と同じような待遇は出来ないが、季氏と下卿の孟氏との中間の待遇を致しましょう」と言った。そうして「私も、もう年をとった。到底用いることは出来ない」と言ったので、孔子は斉を去った。

魯の桓公には四人の男子があって、長子は後を継ぎ、次男の孟、三男の叔、末子の季の三人はそれぞれ内乱を起こしたが、結局季が一番成功して、魯の上卿となり、次男の孟よりも高い地位におった。その季と孟との中間の待遇をしよう、ということを景公が孔子に持ち出したわけですが、そのすぐ後から、私も、もう年をとったから、とても用いることは出来ない、と言ったので、孔子は斉の国を去ったというのであります。如何にも待遇が不満で、孔子が去ったように解せられないこともない。

しかし孔子ともあろう人が、いくら若い頃の話であるとはいっても、――孔子が斉に行ったのは、四十歳頃というのが通説でありますが、考証学的には、それよりも若干若くて、三十代の終わりというのが本当らしい――待遇が不満で去ったとは到底考えられない。そこで、この一節はどうもあやしい、という学者もあるわけであります。

しかし孔子が斉に行ったということは事実であり、当時すでに孔子の令名は諸国に聞こえておりましたから、斉の国において重く用いられようとしたこともあったであろう、ということは決して考えられぬことではない。

それに景公という人は、どちらかと言うと、明君というよりは暗君の方であったが、今日の言葉で言うと、大層文芸趣味の人で、それだけに人間味の豊かな人であった。だから令名の高い孔子に望みを嘱して、大いにこれを用いようとしたことは、十分に考えられることである。とすると、孔子が斉の国を去ったのには、外に理由がある筈であります。

名宰相・晏子

当時景公を補佐した人に、晏子《あんし》という名高い名宰相があります。景公が兎にも角にも乱世にその地位を全うすることが出来たのは、晏子のお蔭でありますが、その晏子が孔子を用うることにあまり賛成ではなかったので、景公も晏子の心を察して、孔子を尊敬したけれども、左程《さほど》（それほど）立ち入って話をしなくなった。それで孔子も諦めて、斉を去ったのだ、と推定されるわけです。

しかし若しそうだとしても、晏子という人は、決して己の利益などを考えて反対するような人ではない。いつの時代でもそうでありますが、人を用いようとするような場合には、必ず反対者があるものでありまして、斉に於ても勿論あったに違いない。そういう連中が、晏子が孔子を用いることに進んで賛成ではないのを知って、得たり賢し（しめた、うまくいった）で、それを利用して、如何にも晏子が孔子を排斥《はいせき》したようにしてしまった、というのが真相であろうと思われる。

事実その辺の事情が、『晏子春秋』を読むと、幾分窺《うかが》われるのであります。『晏子春秋』は、勿論晏子を中心にして書かれたものでありますが、『論語』と同様、自身が書いたものではない。しかし実に妙味のある、人間味豊かな書物でありまして、私も愛読書の一つにしておりますが、本当に自分の蒙《もう》が啓《ひら》かれる書物であります。

これを読むと、晏子は孔子よりも少し先輩で、孔子が五十くらいの時に、両者は斉で遇《お》うて十年余後には、世を去っておるのでありますが、共に達人でありますから、両者相通じたことが到るところに現われておる。そういうところからみても、晏子は決して無理解であったり、或いは殊更孔子の採用に反対したのではない。理想家で潔白な孔子と俗物官僚との合わぬことを知って首を捻《ひね》ったということがよくわかります。むしろ斉の内情に照らして、これを円満にかたづけたと思われるのであります。

当時斉の国内は実に複雑で、景公の前は代々暗殺され、景公の代になっても尚《なお》実力者の間に、暗殺やら、クーデターのようなものが絶えず渦巻いておった。その中にあって、晏子は堂々と宰相の地位にあって、動かぬ権威を以て景公を輔佐し、いずれにも味方することなく、斉を無事に乱世から守り抜いたのであります。

眼のない歴史家などが、その晏子を評して、世渡りの名人のように言うのでありますが、単なる智慧・才覚だけで、あの乱世を無事にくぐり抜けるなど、到底出来る芸当ではない。やはり人物・識見が勝れ、犯すべからざる権威があって、初めて出来たことであります。晏子は、その教養・識見・人間味というような点において、実に孔子と相通ずるものがあります。だから『晏子春秋』を読んでも、『論語』と似かよったところがたくさんある。その晏子のことが、『論語』にも一箇所出て参ります。

孔子の晏子評――善交・久敬

子曰、晏平仲善與人交。久而人敬之。（公冶長）

子曰く、晏平仲、善く人と交はる。久しうして人、之を敬す。

孔子が言われた、「晏平仲は善く人と交わった。そうして久しく交われば交わるほど、人は晏平仲を尊敬した」と。

「久しうして人、之を敬す」の人の字は、皇侃《おうがん》や文章博士の清原家に伝わった論語本には、はいっておりますが、本によってはないものもあります。しかし人の字がないと、晏平仲が人を敬することになりますから、この場合はやはりなければ意味がない。晏平仲は勿論晏子のことでありまして、平はおくり名、仲は字《あざな》（おくり名と字が逆であるとする説もある）、名を嬰《えい》と言う。先程も申しましたように、孔子よりも少し先輩であります。

本文はちょっと読むと、何でもないことのようでありますが、実に無限の味わいがありますね。人間は、交わらずには生きられない。社会的動物と言われる所以もそこにあるわけですが、そのくせ本当の交わりというものはなかなか出来ないものであります。ただ人と交わるということであれば、誰もやる、又やらねばならぬこと、やらざるを得ぬことであります。
が、それではどれだけ、本当の交わりをしておるか、善く交わっておるか、ということになると、大抵は少し交わると、文句が出る、面白くなくなる、というようなことで悪くなりがちである。従って善交ということは、実に貴いことでありまして、晏平仲はその善交の出来る人であったわけです。

然もそれだけではない。更にその上に、「久しうして人、之を敬す」、久しく交わるほど人は彼を尊敬したというのです。この久ということが又難しい。なかなか続かない。

夫婦でも、鼻につくと言うて、しばらく同棲すると、言い争いをやる。親子兄弟でも、しじゅう一緒に暮らしておると、いさかいをする。仕事でもそうですね。久しく一緒に同じ仕事をやるというのは、本当に難しいものです。況や人との交わりにおいてをやでありまして、久しくなると、あらが見え易い、嫌になり易い。だから久しく交わって敬意を抱かせられるというのは、よほどその人間が偉いのである。と同時に交わる相手も亦心掛けがよいということが出来る。

従って孔子からかく評された晏子もさすがと思う。孔子なればこそこういう批評が出来たのであり、又晏子なればこそこういう批評をされたと言える。しかし世間には晏子のような人も少なくないと見えて、ここから「久敬」という熟語が出来ておる。兎に角晏子という人はそういう人で、斉の内外を問わず人々から畏敬されておる。だからクーデターや暗殺の渦巻く激流の中に、よく国家を維持することが出来たのであります。

一狐裘三十年——私生活には極めて無頓着

晏子という人は、私生活には極めて無頓着な人で、一狐裘《こきゅう》三十年と書いてありますが、同じ皮ごろもを三十年も著古《きふる》して、平然としておったという。

所謂シナ服というのは、今日の人民服を見てもわかりますが、昔から極めて粗末なものであります。その代わり中は贅沢に著る。すばらしい毛皮などを内側に著ておる。西洋人は外に著るが、中国人は中に著る、贅沢をする人ほど外に出さない。その方が温かくて、然も長持ちする。

晏子はその内側を著る皮ごろもを三十年も著ておった。虎の皮だか、熊の皮だかわからぬが、いくら長持ちするといっても宰相の地位にある人が三十年も著たきり雀というのは、よほど無頓着な人ですね。

又夫婦関係もきれいで、生涯妾を持たなかった。或る時景公が、〝見受けるところ、お前の女房も大分くたびれて、あれでは気の毒だ。妾を持ったらどうだ〟と言って奨めたところ、晏子は、〝成る程、如何にも皺くちゃで見っともない女房には違いありませんが、それも私に連れ添うて苦労したためにああなりましたので……〟と言って断ったという。世の女房共が聞いたら、感激して涙をこぼすような話でありますが、晏子にはそういうところがあった。

晏子と景公との対話

又『晏子春秋』には、この人と景公との面白い対話が書いてある。

或る時二人で何処《どこ》かへ遠出をした。景公が打解けて晏子に、〝何か希望とか、願

いとか、いったものがあれば、一つ聞かせてくれ〃と言うたら、晏子はこう答えた、

〃自分を畏れてくれるような君があり、自分を信じて生涯連れ添うてくれる妻があり、何か遺してやろうと思うような倅がある、これが私の願いです〃と。面白いですね。

〃もう外にはないか〃。〃まだあります。折角お仕えするのですから、君は明君であって欲しい。同じ娶《めと》るなら、才長《た》けて眉目美《びもくうるわ》しき妻が宜しい。あまり富まなくてもよいが、貧しいのもいけません。それに良い隣人が欲しいものです〃。

良隣《りようりん》などというと、団地生活をする人などは特に感じるでしょうね。この頃の団地生活・集団生活というようなものには、良隣など全くありません。悪隣も甚だしいものです。

〃まだあるか、あれば言うてみよ〃、景公が言うと、最後の答えが又面白い。何処までも味のある言葉だろうと感心する。

〃君ありて輔《たす》くべく、妻ありて去るべく、子ありて怒るべし〃、明君よりは暗君、といっても手のつけられぬような暗君でも困るので、輔佐《ほさ》に世話のやける暗君、追い出したくなるような妻、時々どなりつけたくなるような倅、これが至極の願いだ

という。つまり慈悲のユーモラスな表現であるわけです。ちょっと凡人には言えぬ言葉であります。

或る時景公が晏子に、政治の要諦《ようてい》を尋ねたところ、政治に一番大切なことは、又従って最も心配すべきことは、善悪を分かたざること、はっきりせぬことだと言うておる。今日の日本などはその最も甚だしいものでありまして、何が善で何が悪か、さっぱりはっきりしない。ソ連や中共との関係にしても、口を開けば、平和共存などと言うのでありますが、要するに善意を分かたぬ思想から出る言葉に過ぎない。その他何事にしても、まあまあということで、善悪を分かたずにごまかしてゆく。これくらい危ないことはない。さすがは名宰相の言葉であります。

この人が孔子を解しない筈はない、知らない筈はない。否、よく知ればこそ、他国人である孔子を用いるのは、複雑な斉の内情からみて、孔子にも気の毒であり、又斉のためにもならぬと判断して、その挙用に反対したと推定されるわけであります。

七　子産と甯武子

鄭の宰相・子産の政治

晏子よりも更に先輩で、孔子が深く傾倒し、又少なからず影響を受けておると思われる名宰相がある。それは『論語』にもしばしば出て来る子産であります。子産は周の都・洛陽に最も近い鄭の国の宰相でありますが、孔子が三十一歳の時に亡くなっております。子産が亡くなった時に孔子は泣いた、と書いてありますから、よほど心服しておったものとみえる。その子産について孔子はこう言っております。

子謂子産、有君子之道四焉、其行己也恭、其事上也敬、其養民也恵、其使民義。（公冶長）

子、子産を謂ふ、君子の道、四有り。其の己を行ふや恭、其の上に事《つか》ふるや敬、其の民を養ふや恵、其の民を使ふや義。

孔子が子産のことをこう言われた。「子産には君子の道が四つある。自分の他に対する行動はうやうやしく（恭は他に対する敬意の美しい表現）、上に仕えるにはうやまい（敬は自己が心より高きもの貴きものに向かう時の道徳的感情）、民衆を養うには恵み深く、民衆を使うには時・所の宜しきを得て行き届いておった（民衆を動員するのに、彼等のいろいろの生活条件を無視することなく、無理をせずに適当に使った、機宜を得たということです）」。

子産という人は、本当に出来た人で、絶対に無理をすることなく、それでいてどこまでも信念に基づいて、自分の考えを遂行してゆく力を持っておった。彼が初めて宰相になって、己の信ずるところをどんどん行い出した時には、鄭国民の非常な反感を買い、怨嗟《えんさ》の的となって、終には誰か子産をやっつける者はいないかという声まで起こった。

ところがそれが数年経つと、いつの間にか逆になって、われわれの生活をこういう風に幸福にしてくれたのは子産である、という礼讃と感謝の声に変わったという。これはなかなか並の政治家などに出来ることではありません。

若し本当に己が信ずるところの立派な政治を行おうとすれば、利己的で放縦《ほうじゅう》な民衆、又その民衆の中にあっていろいろ私利私欲を行っておるような勢力と、必ずぶつかる。そうして先ず起こって来るのが反対の声であり、やがてそれが次第に圧力団体の動員となって、脅迫行動・暴力行動といったものが続出して来る。この時に大抵の政治家は参る。

それを子産は毅然として闘い抜き、然も次第に認められ、逆に感激されるように持っていったというのは、よくも出来たものだと感心する。殊に戦後の政治家・内閣などをみればよくわかりますが、みな反対勢力に弱い。反対勢力が強く、且つ巧妙に戦術的に行われる時など、歯がゆいくらいに弱くなる。一々《いちいち》実例を観察して来ると、現実が現実だけに、子産という人は、如何に偉い人であったか、又政治家としても如何に勝れておったか、ということがよくわかります。これによっても、政権は又持続ということが必要で、短命政権ではいけません。

甯武子の愚

もう一人、やはり孔子の先輩で、極めて特色のある、変わった風格を持った政治家がある。それは甯《ねい》武子という人です。

子曰、甯武子、邦有道則知、邦無道則愚。其知可及也、其愚不可及也。（公冶長）

子曰く、甯武子、邦に道有れば則ち知、邦に道無ければ則ち愚。其の知及ぶべきなり、其の愚及ぶべからざるなり。

孔子が言われた、「甯武子は、国に道がある時は智を発揮し、国に道がない時は愚になった。その智は真似することは出来るが、その愚は到底真似ることが出来ない」。

甯武子は、春秋初期の人で、衛の国の大夫である。武はおくり名で、名は愈という。孔子よりも百年あまり前の人ですから、子産よりも更に先輩であります。

本文は批評であると共に、孔子の甯武子礼讃でもあるわけですが、これが又、論語読みの論語知らずと言うか、耳学問・聞き学問の所為か、世間の人は大変誤解しておる。即ち「其の愚及ぶべからざるなり」を、その馬鹿さ加減が話にならぬ、という風に解釈するわけです。が、本当の意味はそうではなくて、これは讃嘆の言葉である。

知は――頭が良いとか、気が利くというようなことは、五十歩百歩で、決して真似の出来ぬことではない、学んで到り得ぬことではない。けれども人間というものはなかなか愚――馬鹿にはなれぬものであります。甯武子という人は、人の真似の出来ない馬鹿になれた人だというのです。

これは世間の苦労をして来た人ほどよくわかる。人間にとって知は、勿論本来は望ましいことであるけれども、人間性の本質の問題から言うならば、それほど大事ではない、むしろ大いに警戒を要することである。これについてはもう皆さんは十分ご承知のことであります。ただこのような味わいの深い語、真理の語も、往々にして浅解することが多い、ということだけはよく気をつけておかれると宜しい。

例えば『論語』で申しますと、よくぶつかるのは「民は之を由《よ》らしむべし、之を知らしむべからず」という有名な語であります。

大抵はこれを、「民衆というものは、服従させておけばよいので、知らせてはいけない。智慧をつけてはいけない」と全く逆の解釈をしておる。そうして孔子などというのは、凡そ非民主的な人間で、封建制度の代弁者に過ぎない、というようなよけいな注釈までつけるのですから、ますます滑稽《こっけい》であります。そういうことを言う人はどれだけ頭が良いか知れぬが、いやしくも何千年来、聖人と言われ、人類の師と仰がれて来た人が、民衆というものは、服従させておけばよい、智慧をつけてはいけない、というような馬鹿なことを言うかどうか、少し考えてみればわかる筈であります。

要するに「民は之を由らしむべし」とは先ず以て民衆を信頼させよ、政治というもの、政治家というものは、何よりも民衆の信頼が第一だということで、この場合のべしは「……せしめよ」という命令のべしである。又、「之を知らしむべからず」のべしは、可能・不可能のべしで、知らせることは出来ない、理解させることは難しいという意味である。

民衆というものはみな、自己自身の欲望だの、目先の利害だのに捕らえられて、本質的なことや遠大なことはわからない、個々の利害を離れた全体というようなことは考えない。従ってそれを理解させるということは、殆ど不可能に近い。出来るだけ理解させるようにしなければならぬことは言うまでもないけれども、それは出来ない相談である。

そこで取り敢えず民衆が、何だかよくわからぬけれども、あの人の言うことだから間違いなかろう、自分はあの人を信頼してついてゆくのだ、という風に持ってゆくのが政治だと、これは政治家に与えた教訓であって、決して民衆に加えた批評ではない。人間というもの・民衆というものの実情は、確かにその通りでありまして、今日も二千年前の孔子の時代と少しも変わらない。この語がそのままあてはまる。

日常、会話に使われる語の中にも、随分浅解・誤解したものがあります。例えば「馬鹿殿」という語。これは本来は讃辞なのです。

殿さまというものには、内には世話のやける領民の外に、大ぜいの厄介な家来を抱え、そうして外には幕府という絶対権力者を戴《いただ》いて、一日として心の休まる時がない、下手をすると、いつ取り潰《つぶ》されるかわからない。そういう内外の苦境の中にあって、殿さまとしてやってゆくには、利口になってはいけない。わかってもわからぬような顔をして、よほど馬鹿にならぬとつとまらない。

つまり甯武子の愚になって、馬鹿殿になって、初めて明君たり得るのです。ところが本当の馬鹿殿が多いものだから、いつの間にかその良い意味の馬鹿殿が、文字通り悪い意味の馬鹿殿になってしまったというわけです。

又、「糠味噌《ぬかみそ》女房」という語でもそうです。決してこれは悪い女房の意味ではないのです。

日本人というのは、いくらいろいろ美味《うま》い物を食っても、最後はやっぱり茶漬でさらさらっとやりたい。われわれにとって最高のご馳走は茶漬である。その茶漬に欠くことの出来ないものは漬物でありまして、就中《なかんずく》糠味噌漬、俗にいうお新香が一番です。

ところが糠味噌というのは実に世話のやけるもので、冷たくしておかぬと味が悪くなるから、しじゅうかき廻していなければならない。だから不精者の女房では亭主に美味い香の物を食わすことが出来ない。つまり糠味噌女房というのは、その美味い漬物を食わすことの出来る女房ということであって、これは亭主にとって、有難い女房、至れる女房である。それがいつの間にか、糠味噌臭い、味もそっけもない、古ぼけた女房ということになってしまった。

ついでにもう一つ、「女房と畳は新しいほど好い」という語。これを畳を取り替えるように女房を取り替えることだと思っておる。けれども畳というものは、取り替えるといっても、床ごとそっくり取り替える馬鹿はいない。先ず表を裏返し、それが汚れて来ると、今度は新しい表と取り替える。床は少しも変わらない。粧《よそお》いを変えて新鮮にするだけです。同様に女房も、新しく取り替えるのではない、畳の粧いを変えるが如く、いつまでもういういしく、新婚当時の新鮮さを保って欲しいということである。然しこれは女房だけではない。亭主も同じことであります。

八　周公旦と蘧伯玉

孔子の理想像――周公旦

孔子が一番理想としたのは、周の革命・建設の偉大な指導者であった周公旦であります。周公旦、旦は名で、姓は姫《き》と言い、周の武王の弟であります。武王という人は実に幸運な人で、本人も勿論偉かったけれども、兎に角大ぜいの立派な兄弟や家来に恵まれておった。中でも偉かったのがこの周公旦と、その又弟の召公奭《しょうこうせき》であります。特に周公旦は孔子の生まれた魯の国に封ぜられたということもあって、孔子は人間的・政治的理想を周公旦にかけたわけであります。

子曰、甚矣、吾衰也。久矣、吾不復夢見周公也。（述而）

子曰く、甚だしいかな、吾が衰へたるや。久しきかな、吾れ復《また》夢に周公を見ざるなり。

孔子が言われた、「何と甚だしいことだ、わたしの衰えたのも。もう随分久しいなあ、私が最早《もはや》夢に周公を見なくなってから」。

如何なる時代でも、人間味豊かな、人道的精神に純な人ほど、理想というものを描く。そういう理想の形態を、この悩みの多い人生・世の中に対して、ユートピアと言う。しかしこれは西洋人の言うことです。東洋民族と西洋民族、アジア人とヨーロッパ人とでは、それぞれに特徴があって、理想に対する考え方も大分違います。ヨーロッパ人は理想というものを前にかける、未来に描く。これがユートピアであり、イメージ・ビジョンというものです。

ところが東洋人は、勿論われわれ日本人もその傾向が強いのでありますが、特に東洋人の代表である漢族は、ただ単に理想を前にかける、次代に望む、というだけでは満足出来ない。ユートピアであればあるほど、イメージ・ビジョンであればあるほど、それはすでに自分達の偉大な祖先によって実現されたもの、試験済みのもの、と観念したい、そういう要望を持つ。これをよく復古主義などと言うのでありますが、しかしこれは単に過去に憧憬《あこが》れるとか、懐古趣味とか、いうものではない。その実は後ろを向いて前を見ておる。過去を通して未来を考えておるのです。

孔子はその理想を周公に見た。孔子が周公を論ずる、あこがれるというのは、如何に熱烈にユートピアというものを自分自身に持っておったかということに外ならない。これは孔子の熱烈なユートピアであり、イメージ・ビジョンである。それが分からなければ、孔子の周公にあこがれたことが分からない。しかも始終周公を夢に見ておったというのですから、そのあこがれ方は推して知るべしであります。

そういう点から考えても孔子という人は、本当に真剣な理想追求の人であり、又真剣な求道者であった、ということがよくわかる。何事であれ、人間は真剣になると、夢に見る。夢に見るくらいでないと真剣でない。

いつかもお話しましたが、夢というものは実に神秘なものでありまして、そもそも夢を見るということは、われわれは永遠の存在であるということの証拠であると言える。物質が不滅である如く、われわれの存在も、精神の働きも、不滅である。われわれがいっぺん言うたこと・行うたことは決して無くならない、厳として存在しておる。ただ忘れるだけである。存在しておるから、思い出すことも出来る、又夢にも見るのです。

この頃西洋の医学者・科学者が、夢だとか、息――呼吸だとか、いうようなものの研究を盛んにやるようになって、古来東洋独特の学問や心境に肉薄して来ておりますが、肝腎の東洋の方はそういうものをみな忘れてしまっておる。これは大いに反省をしなければならぬことであります。夢にしても、息にしても、大変面白い問題で、私も研究したいと思うが、なかなかそこまで手が廻りません。

どうも人間というものは、思うことの何分の一、何十分の一も出来ぬものらしい。私なども、やりたいことが山ほどあって、百歳、二百歳まで生きても、あくびしないほど問題を持っておる。そういうことを考えると、死ぬのが惜しいような気もする。と言うてそう長く生きるわけにもいかぬし、又死んでみたらどんな面白いことになるかも知れぬから、どうでもよいと思っておるが、兎に角夢というものは本当に興味の深いものであります。

いずれにしても、孔子が周公を始終夢に見ておったということは、言い換えれば孔子という人は、如何に熱烈に民族・人類のユートピア、今日の言葉で言うならば、究極の社会というものを描いておったか、その実現に思いを凝《こ》らしておったか、ということであります。

そういう理想の社会を描いたという点で誰もが直ぐに思い出すのは、マルクスでありましょう。マルクスは前世紀の後半に出た人であるが、彼は労働階級・下層階級の窮迫・困窮を深刻に解明して、人間社会の究極の在り方を描き、階級や搾取《さくしゅ》のない自由平等の共産主義社会というものを考えるに到った。そうしてそこへ到達する過程として、階級闘争だの、私有財産の廃棄だの、というような理論を考え出した。そこでマルクスの末流は、共産主義者というものは、一応人類社会の到達すべき目標を彼等なりに描いておる。

ところが人間というもの、人間社会というものは、まことに複雑で、決して彼等のイデオロギーの公式通りに簡単にゆくものではない。そこには大きな誤解や浅解がある。従ってそういうことが次第に解明されて、もう今日では心ある者はみなマルクス主義を問題にしない。

もう一つ、『論語』の中で周公に関して逸することの出来ない文章があります。

子曰、如有周公之才之美、使驕且吝、其餘不足観也已矣。（泰伯）

子曰く、如《も》し周公の才の美有りとも、驕《きょう》且つ吝《りん》ならしめば、其の余は観るに足らざるのみ。

孔子が言われた、「たとい周公のような才能の美があっても、人に驕り且つ吝嗇《りんしょく》であったならば、その外のことは観るまでもない」。

孔子の人間というものに下された力強い断案であります。如何に孔子の見識が的確であり、又徹底しておったか、ということがよくわかる。と同時にこれは人間として見落としてはならない大事な一点であります。

周公のような人間の理想、革命・建設の大いなる経綸《けいりん》（治め整える）・手腕を具《そな》えた偉大な人間であっても、驕且つ吝ならしめば駄目になってしまう。その余は論ずるに足らぬ。これは人間の歴史が証明しております。

例えばスターリンや毛沢東にしても、或る意味に於ては確かに周公に準ずる才の美を具えておる、偉大である。しかし彼等は周公と違って、正に驕且つ吝である。驕も吝もこれは仁の反対であるから、驕且つ吝であるということは、つまり徳がないということです。だから徳がないような人間は、外のことがいくらよく出来ても、論ずるに足らないということになるわけであります。

マルクスという人間もやっぱり驕且つ吝なる人間であります。私なども、学生時代からマルクス理論を教わり、又『資本論』のドイツ語の原書を輪読したりして、随分勉強したわけでありますが、さて、ふと気がついて、それではマルクスというのは一体どういう人間であるか、といろいろ丹念に調べてみると、如何にもどうも驕且つ吝、甚だしい人間である。そのためにすっかりマルクス主義というものに失望してしまった。

しかし驕且つ吝というものは、決してマルクスばかりではない、共産主義者に共通する深刻な性格であります。スターリンや毛沢東などを見ましても、権力というものに対しては実に強烈な欲望を持ち、その権力を行使するに当たっては、情け容赦もない、まことに非人間的な性格を持っておる。だから驕且つ吝ならしめば、もうその外のことは論ずるに足らない。本当に孔子の言われる通りであります。

哲人宰相・蘧伯玉

最後にもう一人、孔子の先輩で是非みなさんにご紹介したい哲人宰相がある。それは衛の大夫・蘧伯玉《きょはくぎょく》です。孔子は蘧伯玉に対しても並々ならぬ敬意を懐いておる。然も衛に遊んで――蘧伯玉の晩年のことです――彼の家に厄介になっておる。さすがに孔子が敬慕されただけあって、蘧伯玉という人は本当に立派な人で、人間的に興味津々《しんしん》たる人物であります。

蘧伯玉使人於孔子。孔子與之坐而問焉、曰夫子何為。對曰、夫子欲寡其過而未

能也。使者出。子曰、使乎使乎。（憲問）

蘧伯玉、人を孔子に使いす。孔子、之に坐を与えて問ふて曰く、夫子何をか為す。対へて曰く、夫子は其の過《あやまち》を寡《すくな》くせんと欲して未だ能はざるなり。使者出づ。子曰く、使なるかな使なるかな。

蘧伯玉が孔子の許《もと》へ使者を出した。孔子は使者を座につかせて問うた、「夫子（蘧伯玉先生）は、どうしておられますか」。答えて言う、「先生は自分の過の少なからんことを欲して未だ出来ないでおります」。使者が退出すると、孔子が言われた、「立派な使者だね、立派な使者だね」。

蘧伯玉が使いに出すだけあって、使者も立派なものであります。過のないようにと常にわが身を反省する主人蘧伯玉の人柄をよく弁えて、答えるにもそつがない。

その孔子も感嘆する蘧伯玉の反省振りを最もよく言い表しておるのが『准南子《えなんじ》』の、蘧伯玉は、「行年《こうねん》五十にして四十九年の非を知る」「六十にして六十化す」という語であります。

若いうちはあまりぴんと来ないが、だんだん年をとって、人間のこと、世のことに通じて来ると、成る程と身に沁《し》む、味わい深い名言であります。

人間というものは、年の五十にもなると、「五十にして命を知る」、と孔子も言うておりますように、俺も行き着くところに行き着いたか、とその人なりに自らを許すと言うか、肯定するようになる。つまりあきらめるわけです。あきらめるという語には消極・積極両用の意味がありますが、兎に角一種のあきらめに到達する。殊に駄目であったと思うような人は、「もう今更あがいても仕様がない、一つ、伜《せがれ》でも仕込んで、立派な人間にしよう」というような消極的な考え方になり勝ちであります。

ところが蘧伯玉は、「行年五十にして四十九年の非を知る」と言う。非を知るということは否定することである。四十九年間の今までの生涯は駄目であった、と一応抹殺してしまうわけです。非を知り、否定し去って、初めて新しくやり直すことが出来る。なかなか普通の人間では出来ぬことですね。

下世話にも「自惚《うぬぼれ》とかさけ（瘡気《かさつけ》、できもの）のない者はおらぬ」と言うように、人間というものはどんな馬鹿でも、馬鹿は馬鹿なりに、やっぱり自負心がある。俺も満更《まんざら》ではないのだと思うておる。

従ってその難しいことをなし得たということは、蘧伯玉という人は五十になって、猶《なお》新規にやり直しの出来た人であったということです。又そういう人であるから、「六十にして六十化す」、六十になったら、六十になっただけの変化をする。幾歳になっても、新鮮潑剌《はつらつ》としておる。言うてみれば、えびのようなものです。芽出たいこと限りがない。

何故えびを芽出たいことに使うかと言うと、えびの体の曲がっておるのを「お前百まで、わしゃ九十九まで、共に腰の曲がるまで」というような意味にひっかけて、それで芽出たいのだと思っておる人が多いが、そうではない。えびというものは、生きておる限り殻を脱ぐ。殻を脱がなくなった時はえびの死ぬ時である。ということはえびというものは、常に新鮮柔軟であるということです。だから芽出たいのである。蘧伯玉という人はそういう人であったわけです。

九　孔門十哲

(一)子路

四科十哲

前回で一応孔子の先輩についてのお話は終わりまして、今回からその門下生、弟子の人物像を探ってみようと思います。

さて、孔子の門下生と言えば、『論語』中最も多く出て来るのが子路《しろ》であります。この前蘧伯玉の話をした時に、孔子が衛に遊んで、彼の家を問うておる、ということを申したのでありますが、実はもう一箇所、この子路の妻の兄の家にも厄介になっております。

子路は、姓を仲《ちゅう》と言い、名は由《ゆう》、子路は字《あざな》であります。又別の字を季路とも言う。孔子の門下生の代表的な一人であります。

ご承知のように、孔子には大ぜいの門人がありましたが、中でもその代表的なものを、孔子の「四科十哲」と言うておる。これには色々異論もありますが、兎に角四つの科に分けて、それぞれの科に勝れておった十人の人物を配しておる。

　四科十哲（先進篇参照）

徳行（徳が高くて、行が立派なこと）

　顔淵・閔子騫《びんしけん》・冉伯牛《ぜんはくぎゅう》・仲弓

言語（特に社会的、政治的な思想・言論）

　宰我《さいが》・子貢《しこう》

政事（政治活動）

　冉有《ぜんゆう》・季路

文学（学問・教養）

　子游《しゆう》・子夏

　これが四科十哲でありまして、子路は季路の名で冉有と共に政治活動の代表に挙げられておる。孔子とは九つ違いで、門弟中の最年長者であったが、もともと政治運動のようなことをやっておった人で、それが孔子の感化によって弟子となったわけであります。『韓詩外伝《がいでん》』という書物には子路のことを「野人」と書いてある。野は、粗野、仕えないこと（浪人）、というような意味もありますが、この場合は、野にあって政治運動・思想運動というようなことをやっておったという意味であります。

『論語』の中で子路に関して最初に出て来るのが為政篇であります。

子曰、由、誨女知之乎。知之為知之、不知為不知、是知也。（爲政）

子曰く、由や、女《なんじ》（汝に同じ）に之を知るを誨《おし》えんか。之を知るを之を知ると為し、知らざるを知らずと為す、是れ知るなり。

孔子が言われた、「由や、汝に本当の意味の知るということを教えようか。知っておることは知っておるとなし、知らないことは知らないとなす、これが知るということの意味である」。

破れた綿入れを平気で着る

子路の人物、性格を最もよく表しておるのが、副論語と言われる『孔子家語《こうしけご》』の「火烈にして剛直、性、鄙にして変通に達せず」という語であります。きびきびして剛直であるが、品性が野暮《やぼ》ったくて洗練したところがなく、物事の変化がわからないというのです。世の中というものは、裏もあれば、表もあって、変化極まりないが、子路にはその変化がわからなかった。つまり子路という人は、融通の利かない一本調子なところがあったわけです。それだけに、頼もしいところ、愛すべきところがあった。そういう物事にこだわらぬ子路のイメージを与えられるのが、次の一節であります。

子曰、衣敝縕袍、與衣狐貉者立而不恥者、其由也與。（子罕）

子曰く、敝《やぶ》れたる縕袍《おんぽう》を衣《き》、狐貉《こかく》を衣たる者と立ちて恥ぢざる者は、其れ由か。

孔子が言われた、「破れたよれよれの綿入れを着て、豪華な毛皮の服を着た人と並《なら》んで一向恥ずかしがらぬ者は、先ず由だろうね」と。

大抵の人間は身なり・服装を気にするものでありますが、子路という人は豪放磊《らい》落《らく》と言うか、一向そういうことには無頓着であった。従ってそのためにともすれば、困ることや、軽率なところもある。

材を取るところなし

子曰、道不行、乗桴浮于海。従我者其由也與。子路聞之喜。子曰、由也、好勇過我。無所取材。（公冶長）

子曰く、道行はれず、桴《いかだ》に乗って海に浮かばん。我に従はん者は、其れ由か。子路之を聞いて喜ぶ。子曰く、由や、勇を好むこと我に過ぎたり。材を取る所無し。

孔子が言われた、「道が行われない。いっそのこといかだ——舟にでも乗って海上に出たい。そういう時にわたしについて来る者は先ず由であろうな」。子路はこれを聞いて喜んだ。先生はそこまで私を信じてくれておるか、というわけで子路はよほど嬉しかったとみえる。ところが孔子も人が悪い。「由はそういう勇ましいことを好むことはわたしより上である。が、それではそのいかだをどうして仕立てるかとなると、子路にはそのてだてがない」。

実に面白い。おりますね。こういう人間が……。勇ましいことはいくらでも言うが、それではどうするかというと、全く頼りにならない。〃このままでは日本は駄目だ、何とかして大いなる革新をやらなければいかん〃と言うから、〃それではその革新をどうやるのか〃と訊《き》くと、〃うーん〃とつまってしまって、〃後は誰かやるだろう〃と言う。これでは駄目であります。建設のない破壊はいけません。今日の日本にもこういう子路のような人間が実に多い。もっとも子路ほどの大物は滅多におりません、小型の子路が多いのであります。

書を読むばかりが学問ではない

子路使子羔為費宰。子曰、賊夫人之子。子路曰、有民人焉、有社稷焉、何必讀書然後為學。子曰、是故悪夫佞者。（先進）

子路、子羔《しこう》をして費の宰《さい》たらしむ。子曰く、夫《か》の人の子を賊《そこな》はん。子路曰く、民人有り、社稷《しゃしょく》有り、何ぞ必ずしも書を読みて然る後《のち》学と為さん。子曰く、是の故に夫の佞者《ねいじゃ》を悪《にく》む。

これは子路が孔子の推薦で、当時の魯の国の実力者・季氏に仕えて、そこの或る長官をしておった時の話であります。

子路が子羔という若者を費というところの長官に任用した。孔子が「(いっぺんにそういう地位につかせると)まだまだ修養しなければならぬ未熟な人の子を駄目にしてしまう」と言われた。

そこで子路が「人民もあれば社稷(社は土地の神、稷は五穀の神、国家・社会を意味する)もあります。何も書物を読むことばかりが学問ではありますまい」。実践活動の中でも学問は出来るというわけです。「それだから口の達者な人間はいかん」。

こういうふうに子路は時々孔子にぶつかる。それにしても、本を読むことばかりが学問ではない、とは子路らしい。これについて『論語』に又よい注釈がある。

君子の道は難し

子路問君子。子曰、脩己以敬。曰如斯而已乎。曰脩己以安人。曰如斯而已乎。曰脩己以安百姓。脩己以安百姓、堯舜其猶病諸。(憲問)

子路、君子を問ふ。子曰く、己を脩《おさ》めて以て敬す。曰く、斯くの如きのみか。曰く、己を脩めて以て人を安んず。曰く、斯くの如きのみか。曰く、己を脩めて以て百姓を安んず。己を脩めて以て百姓を安んずるは、堯《ぎょう》・舜《しゅん》も其れ猶諸《これ》を病《や》めり。

子路が君子のことを尋ねた。——君子には大きく分けて二つの意味がある。一つは、民衆に対して指導的立場にある人。今一つは、その立場に相応《ふさわ》しい人格・教養を持った人。普通にはこの二つを含めて君子と言うておる。——「己を修めて以て敬することである」。

敬ということは大変大事な問題でありますが、もともとあまり学問・修養というようなことの好きでない子路には、その大事さがわからない。それよりも実践活動をやる方が面白い。だから「それだけですか」。「己を修めると同時に、外を安心・立命させることである」。ここまではまだ道徳・修養の段階ですから、子路も満足しない。「それだけですか」「己を修めて、そうして天下万民を安心・立命させることである」。天下万民を救うのでなければ、君子たる値打ちはない。本を読んで修養するなどということはつまらない。子路もこの言葉で初めて満足したことでしょう。

ところが孔子は間髪を入れずこう言われた、「己を修めて以て天下万民を安心・

立命させるということは、理想の天子と言われる堯・舜のような聖人でも病気になるほど苦しんだ」。お前が考えておるような簡単なことではないのだというわけです。

左翼でも右翼でもそうですが、自分の修養というようなことは棚に上げて置いて、政権でも握ったら、忽《たちま》ち世の中をたたき直して、今にもユートピアが実現出来るが如く言う簡単居士が随分おります。世の中というものはそんな簡単なものではない。子路にしても、季氏に仕えて、或る程度の政治的権力の座にも坐ったのでありますが、結局は思うようにゆかずに辞職して、孔子について各地を放浪しております。

こういう子路のような人は、往々にして気まぐれなところがある。物事を為しても、最後まで続かない、途中で倦《う》んでしまう。

倦むことなかれ

子路問政。子曰、先之勞之。請益。曰、無倦。（子路）

子路、政を問ふ。子曰く、之に先んじ之を労す。益を請ふ。曰く、倦《う》むこと無かれ。

子路が政治についてお尋ねした。孔子言う、「先頭に立って骨を折ること、ねぎらうことである」。政治家というものは、何よりも先ず民衆の先頭に立って骨を折らなければいけない。そうして彼等をねぎらうことを忘れてはいけない。「もっとありませんか」。孔子はいつでも簡にして要を得た答えをされる。だから子路は時々、わからなかったり、簡単に考えたり、つまらなかったりする。この場合は民衆の先頭に立って骨を折るというのですから、子路にも少しわかる。わかるだけに「之に先んじ之を労す」るだけでは物足らない。もう少し聞かせて欲しい。

ところがそこは孔子でありまして、よく心得ております。「倦むこと無かれ」、途中で嫌になってはいかんぞと言われた。人間というものは、自分の思うようにならぬと、つい嫌になりがちであります。これは政治家に限らず、凡そ人に長たる者の常に注意しなければならぬことであります。

われわれの夫婦生活、家庭生活にしてもそうです。ともすれば倦みがちでありますす。女房が亭主の鼻につくと言うが、容易に倦んで、ふらふらとバーだの、カフェーだの、というようなところをほっつき歩く。家庭のいろいろの問題は大体この辺から起こって来る。或いは学校へ行っても、学校に倦む。何か専門に勉強しても、時々専門が嫌になる。

私自身を考えてみても、しじゅう倦む。ただ私は『論語』などを読んでおるものですから、自らこういう「倦むこと無かれ」というような語が頭に浮かんで来て、又やり直しただけである。そういう意味から言うても、人間というものはやはり教えが与えられておらぬといけない。教えが与えられておると、倦んだら倦んだで、そこに又予期せざる何かが与えられる。「倦むこと無かれ」という語は、極めて簡単なことのようだけれども、意味深遠というか、情理不尽というか、まことに味わいの深い言葉であります。

(二)顔回

名と字

顔回——顔淵は、回は名、淵は字《あざな》でありまして、どちらの呼び方でもよく知られております。

一体字というものは、先ず名がつけられて、その後につけられるわけでありますが、必ずその名に関連してつけられる。顔回の字・淵をみてもよくわかります。回はめぐるで、淵はふち、即ち氵偏に旁《つくり》の左右は土手、真ん中の一は水のめぐる様を象《かたど》った文字でありますから、両者は大いに関係がある。こういうふうに字は名に関連してつけられるのが原則であります。そうしてその用い方でありますが、両親とか、先輩・師匠、というような人が呼ぶ時には名を使い、他人や友達の間に於ては字を使う。

その外、特に敬意を表してつけられるものに諱《いみな》というものがありますが、これは死後に用いる。或いは通称と言って、代々の通り名をつけたり、幼名と言って、幼児の間だけそれに相応しい名をつけることもある。兎に角中国人というのは、いろいろ名をつけることが好きでありまして、昔は日本でも大分行われておりますが、中国ほどではありません。

だからこういうことを知らぬ人は、顔回と顔淵とは別の人間だと思っておる。戦争中の話でありますが、汪精衛《せいえい》と汪兆銘《ちょうめい》とは別人だと思っていた人が随分おりました。それも中国に行っておる人の中にもおりまして、私も驚いたことがある。

親の代からの貧乏

まあ、名についてはそれくらいにしておきまして、顔回というと、非常に偉い人であったということと同時に大変な貧乏で、然もその貧乏を一向気にすることなく超然としておった、ということが常識になっておる。確かに貧乏であったということは事実のようであります。それも親の代からの貧乏であります。お父さんの顔由《ゆう》という人は孔子より六歳下であったと書いてありますが、さすがに回のお父さんだけあって、極めて恬淡《てんたん》な人で、それだけに貧乏をしたらしい。

顔回は孔子より三十ほど若かったが、不幸にして早死にで、孔子よりも先に死んでおる。歿年《ぼつねん》については、三十三とする説と、『列子《れっし》』のように四十二とする説とがあるが、いろいろな考証学者の研究したところによると、四十乃至四十二というのが正しいように思われる。

もう二十歳代の頃から頭が真っ白であったと言われておりますが、或いは貧乏のために栄養失調で白くなったのかも知れません。本当に立派な人で、その偉大さは篤実な人柄と相待《あいま》って、味わえば味わうほど妙味のある人でありまして、これは修養もさることながら、天分も大いに与《あずか》ったと思われる。

みなさんもよくご承知のように、孔子は顔回が亡くなった時に慟哭《どうこく》しております。よほどこたえたらしい。というのもそれより少し早く、殆ど時を同じくして、孔子は息子の鯉《り》を失っておりまして、それに続いて今度は最も愛した弟子に先立たれたのですから、悲しみも大きかったと思われる。

然しその孔子自身も、――顔回の亡くなった時は恐らく七十を越しておったと思われる。そして亡くなったのが七十三、或いは七十四（私はこの方が正しいと思う）でありますから――本当に顔回の死後幾《いく》ばくならずして世を去っておるわけであります。その顔回を孔子は次のように語っておる。

あたかも愚物の如し

子曰、吾與回言終日、不違如愚。退而省其私、亦足以發。回也不愚。（爲政）

子曰く、吾、回と言ふこと終日、違《たが》はざること愚なるが如し。退きて其の私を省《せい》すれば、亦以て発するに足る。回や愚ならず。

孔子が言われた、「回と終日話をしておっても、意見が違ったりすることが少しもなく、その従順なことは愚人のようである。しかし退いた後の彼の私生活振りをみると、大いに啓発するに足るものがある。回は決して愚ではない」。

顔回は、終日話しておっても、はいはいと従順で、まるで愚物のようだけれども、決してそうではない、啓発するに足る人間であると言う。実に味のあるところですね。師弟の間は勿論のこと、兄弟、父子、夫婦の間も、こういう風にありたいものであります。これは孔子の顔回評でありますが、今度は反対に顔回の孔子評であります。

顔回のみた孔子像

顔淵喟然嘆曰、仰之彌高、鑽之彌堅。瞻之在前、忽焉在後。夫子循循然善誘人。博我以文、約我以禮。欲罷不能。既竭吾才。如有所立卓爾。雖欲従之、末由也已。（子罕）

顔淵、喟然《きぜん》として嘆じて曰く、之を仰げば弥《いよいよ》高く、之を鑽《き》れば弥堅し。之を瞻《み》るに前に在り、忽焉《こつえん》として後に在り。夫子《ふうし》循循然《じゅんじゅんぜん》として善く人を誘《いざな》ふ。我を博むるに文を以てし、我を約するに礼を以てす。罷《や》めんと欲すれども能はず。既に吾が才を竭《つく》す。立つ所有りて卓爾《たくじ》たるが如し。之に従はんと欲すと雖も、由末《よしな》きのみ。

顔回が如何にも感にたえぬといった様子でこういった。

「（孔子という方は）仰げば仰ぐほどいよいよ高くて到底及ぶべくもない、切れば切るほどいよいよ堅くて歯が立たない。前におられるかと思うと、忽ち後におられる。

そうして先生は身近におられて順序よく上手に人を導かれる。学問を以てわたくしを博く通ぜしめ、それが散漫にならぬよう礼を以てわたくしを統制させて下さる。止めようと思っても止めることは出来ない。

すでにわたくしは自分のありったけの才能を尽くして先生について勉強して来た。しかしやっと追いついたかなと思うと、もう先生は及びもつかないような高いところに立っておられる。何とかついてゆこうと思っても、どうにもならない」。

本当の師、理想の師というものは、こういう風でなければいけません。ぴったりとついてゆけそうで、追い越せそうで、なかなかそれが出来ない。気がついてみると、もう先生はずうっと前を歩いておる。一段高いところにおって、到底及びもつかない。

心の通い合う師弟

子畏於匡。顔淵後。子曰、吾以女為死矣。曰、子在、回何敢死。（先進）

子、匡《きょう》に畏《い》す。顔淵後《おく》る。子曰く、吾、女《なんじ》（汝に同じ）を以て死せりと為す。曰く、子在《いま》す、回何ぞ敢えて死せん。

顔回の孔子に対する情愛の深さを物語る一節であります。

当時、魯の国の王室が衰えて、二、三の親藩が実権を握り、横暴と頽廃の限りを尽くしておったのでありますが、やがてその実権を又親藩の家来の陽虎《ようこ》というものが握って、横暴を振るうに至った。後、陽虎は逐《お》われて、斉に行き、更に晋に亡命するわけですが、政治的にみれば相当な人物であったようであります。

政治といえば、孔子もただの所謂聖人・君子ではない。一つ運命の幕が変わると、政治家としても亦異色の人になったのではないかと思われるのであります。兎に角陽虎という人間は、乱暴ではあったが、なかなか胆略《たんりゃく》もあるし、政治家としては傑物《けつぶつ》であった。『左伝《さでん》』を読むと、彼が晋に亡命したということを孔子が聞いて、「晋はそれ世々乱有らんか」、つまり陽虎を召し抱えるようでは、晋も無事には治まるまいと言うておる。

その陽虎が、かって匡というところを侵略して横暴を働いたことがあった。ところがたまたま陽虎が孔子に似ておったために、間違えられて孔子が危うく捕らえられようとした。「匡に畏す」とはその時のことを言うておるわけであります。

孔子が匡というところで危難に遇《あ》われた。その時顔回が後れて来た。孔子が「わしはお前が死んだと思ったよ」と言われると、顔回がこう答えた。「先生が生きておられるのに、どうして私が死んだり致しましょう」。

情味の深い師弟の対話であります。孔子と顔回とは本当に一体となっておったということがよくわかる。因《ちな》みにこの時逮捕に出動したのが桓魋《かんたい》という男でありますが、孔子は『論語』述而篇に「天、徳を予《われ》に生ぜり。桓魋其れ予を如何せん」と言うておる。「魋」という字は、いろいろの意味があって、額が出っ張ったというような意味もある。ともあれその顔回が短命で死んだことはご承知の通り。

孔子の顔回礼讃

哀公問曰、弟子孰爲好學。孔子對曰、有顔回者、好學、不遷怒、不貳過。不幸短命死矣。今也則亡。未聞好學者也。（雍也）

※、印の曰の字は本によって無いのもある。

哀公問う（て曰く）、弟子、孰《たれ》か学を好むと為す。孔子対へて曰く、顔回なる者有り、学を好み、怒を遷さず、過を弐《ふた》たびせず。不幸、短命にして死せり。今や則ち亡し。未だ学を好む者を聞かざるなり。

魯の哀公が孔子に「弟子の中で誰が学問を好みますか」と訊ねた。孔子答えて言う、「顔回というものがおりました。学問を好み、怒りを他に移す、すなわち腹立ちまぎれに他に当るようなことはなく、過ちを再び繰り返すことがなかった。不幸、短命にして死し、今はおりません。其の外に私はまだ本当に学問を好むというものを聞いたことがありません」。

怒を移さず、過を繰返さない。なかなか出来ないことですね。大抵は怒を遷す、過を繰返す。躓《つまず》いた石にまで当たって、〝この野郎っ！〟などと言って蹴飛ばす。そうかと思うと、自分の不注意は棚に上げて、〝誰がこんなものをあんなところに置いたのか〟などと家の者に当たる。

又こういうのが過を繰返す。そうしてとんだ結果を生む。〝ああ、自分が不注意であった〟と反省する人は案外少ないものです。小事にその人間がよく現われると言いますが、その通りで、何でもない些細《ささい》なことにその人の性格がよく出るものであります。

その点顔回は偉かった。そうして回の外に「未だ学を好む者を聞かざるなり」と言うのですから、孔子が如何に顔回に許しておったかということがよくわかる。

子曰、賢哉回也。一簞食、一瓢飲、在陋巷。人不堪其憂、回也不改其樂。賢哉回也。（雍也）

子曰く、賢なるかな回や。一簞《たん》の食《し》、一瓢《ぴょう》の飲《いん》、陋巷《ろうこう》に在り。人は其の憂に堪へず、回や其の楽《たのしみ》を改めず。賢なるかな回や。

これも孔子の顔回礼讃であります。食は、名詞の時は、し、動詞の時は、しょくと読む。

孔子が言われた、「賢人なるかな回は、わりご一杯のめしと、ひさご一杯の飲み物だけで、然も狭くていぶせき（むさくるしい）路地暮らしをしておる。他の人ならばつらい貧乏暮らしに堪えられないだろうに、回はその中にあって自分の楽しみを改めようとしない。えらいものだ、回という人間は」。

シカゴ大学にクリールという教授がおる。孔子の研究家として有名な人で、「コンフーシアスー（儒者の）孔子」という書もある。この人が孔子を評して、「昨日の朝の如く新鮮である」と言うておる。然しこの人には顔回がわからない。「顔回はあまりにも貧乏であったために、自ずから万事控え目になり、引っ込み思案になったのだ」と言い、最後には「少し馬鹿だったのではなかろうか」とまで疑うておるのでありますが、とんだ誤解です。一寸《ちょっと》意外な浅解です。

人から馬鹿にされても仕返しをしなかった

顔回に就《つ》いてもう一つ、回よりもずっと後輩であるけれども、これが又顔回の生まれ変わりと言うか、別の骨肉と言うてもよいような曾参《そうしん》が、こういうことを言っておる。

曾子曰、以能問於不能、以多問於寡、有若無、實若虚、犯而不校。昔者吾友、嘗従事於斯矣。（泰伯）

曾子曰く、能を以て不能に問ひ、多を以て寡に問ひ、有れども無きが若《ごと》く、実《み》つれども虚《むな》しきが若く、犯されても校《むく》ゐず。昔者《さきに》吾が友、嘗《かつ》て（或いはつねに）斯《ここ》に従事せり。

誰とは名を書いておらぬけれども、顔回であることは明白であります。

曾子言う、「自分は才能がありながら、ないものに問い、いろいろと知っておることが豊かであるのに、少ないものに問い、有っても無きが如く、充実しておりながら空っぽの如く、人から犯されても仕返しをしない。昔、自分の友達にそういうことに努め励んだものがおった（だが、もうその人は死んでおらない）」。

よく出来る人間が出来ない人間に訊く、などということは、なかなか出来ることではない。更にもっと難しいのは、人からばかにされて、これにしっぺ返しをしないことである。これはよほど出来た人でなければ出来ません。こういうことをしみじみ味わいながら読んでおると、顔回という人が彷彿《ほうふつ》として浮かんで参ります。

人間につきものの悪の存在

特に「犯されても校ゐず」という語は深い意味がある。これは古今に通ずる人間のありふれたものである。然しそれだけに、好い加減な解釈をしておると、とんでもない危険が伴う。その点を弁えて明確に解釈しておれば個人の問題は言うまでもなく、国家・社会の問題も、国際関係の問題も、かたづくことが多いに違いない。ところがそれが朦朧《もうろう》としておるものですから、今日のようにいろいろ紛糾を生ずるのであります。

不幸にして人間の世界には、「悪」というものの存在を免れることは出来ません。それどころか、悪の存在くらい重大な悩みはない。と言うて「悪とは何ぞや」、「善とは何ぞや」、という根本問題にまではいって議論しておったのでは、問題は解決しない。又そこまではいる必要もない。それは丁度重態の患者を前にして、そもそもこの病気の原因は何ぞや、と言うていろいろ調べるのと同じことである。これでは病気は重くなっても、良くなることはない。よく言われるように、診断は決まったが、患者は死んだということになってしまう。

然し決してこれは冗談でも何でもない。病院へはいると、事実それがある。近来、特にその弊害が酷《ひど》くなって医術・医療まで人間不在・患者不在になって来た。それも所謂大病院・近代病院と言われる、大規模の堂々たる設備の医院ほど甚だしい。もうあらゆることが専門専門で細分されておって、そこでは患者は単なる一箇の材料として扱われておる。

例えば内科へはいる。年輩の人であれば、先ず血圧を調べられる。そこから、やれ尿だの血液だの、といろいろの検査があるわけですが、決して同一人が調べるのではない。すべてそれぞれの専門が調べるのである。そうして一通り検査が終わると、それらのデータを寄せて、初めて主任の医者が判断を下す。つまり、あなたの病気は何々病ですということになるわけです。だから直接患者を診ない診断・診察が非常に多い。複雑なわからぬ病気ほど、又その調べも一層手間がかかる。

人間ドックなどと称するものもそうですね。だからあちらこちら散々調べられて、結果この患者がここが悪いのだとわかった時には、もう患者は死んでおる。或いは手のつけられようもないくらい悪化しておる、ということになる。

まあ、それは措いて、兎に角今日は、悪とは何ぞや、善とは何ぞや、というようなことを論ずる必要もなければ、論ずる場合でもない。少なくとも現在の時点に於て、悪は人を悩ます問題である。われわれは善を行うよりも前に、先ず悪と取り組むことで悩んでおるわけであります。

悪は刺戟的・攻撃的である

然も悪は非常に強いものである。善は、天地・自然の理法として、何事によらず絶えず己を看ることを本旨とする。が、反省的であるのはまことによいのだけれども、凡人の常として、そのためにどうしても引っ込み思案になり、傍観的になりがちである。これに対して悪は、何事によらず攻撃的で、人を責める。そうして相手が手強《てごわ》いほど、攻撃力が強くなる。従って悪の人に与える刺戟《しげき》は、善のそれよりもはるかに強い。

これは男女関係をとって考えてみると、よくわかる。どうしてあんな男に騙《だま》されたり、こんな女にひっかかったりするのか、と思うようなことが毎日の新聞紙上に溢れておる。満更頭《まんざら》の悪い人間ばかりでもあるまいに、いや、むしろ頭が良いと言われる人間が多く身を誤っておる。

要するに男女共に善人というものは、内省的、含蓄的《がんちくてき》であるが故に刺戟が少ないのに対して、悪性の方は非常に刺戟が強いからである。薬でも、又毒性の強いものは刺戟が強くて、一時的に効《き》いたように思う。だが良薬は、咄嗟《とっさ》に効くものではない、長く服用する間に好い気持ちに効いて来る。

善人の男女は言わば良薬と同じで、長く連れ添う間にほのぼのと嬉しくなって来るが、眼前の刹那的な刺戟がない。それに較べると、悪性の男女は刺戟が実に強烈である。そこに引っかかるわけです。兎に角悪は非常に攻撃的であり、刺戟的である。

悪ほどよく団結する

又悪は必要の前にはよく団結する。だから一人でも、〝あいつは悪党だ〟と言う。それなら善党という語があるかと言うと、善人という語はあるが、善党という語はない。それだけ悪人は団結力を持っておるわけです。

そこで善人と悪党が喧嘩をすると、どうしても善人が負ける。善人は団結力がない上に、反省的で、引っ込み思案であるから、自分の方が悪いのだと考える。これでは初めから勝負にならない。夫婦喧嘩でも、両方が〝何を言うか〟ということでなすり合いをするから、ますますいきりたつわけで、どちらか一方が善人であれば、〝私が悪うございました〟ということになって、喧嘩にならない。

そういう善人の行き方というものは、なるほど私生活においてはそれでもよい。けれども公生活に於てあまり反省的で、引っ込み思案というのはいけない。相手は得たり賢しで、ますますのしかかって来る。そうしてやっと気がついて、堪忍袋の緒が切れて起《た》ち上がる。これは善人のしばしば通る過程でありますが、然しいっぺん打撃を受けて起ち上がるのであるから、そこに大きなハンディキャップがある。そのために大変な苦労をして、最後に悪党を征伐して、芽出たし芽出たしということになる。

これが昔からの物語や小説の大体の筋書です。然し考えようによっては、しなくてもよい苦労をするのですから、凡そ馬鹿気たことである。と言うても善人のすべてがそうだと言うのではありません。

「明哲保身《めいてつほしん》」という語があります。経書にもしばしば出て参りますが、よくこれを世間の人は、「悪賢くて失敗しない」という風に解釈する。然しそれは間違いで、善人でも本当に出来た人は、むざむざ悪党の手に引っかかるようなことがなくて、身を完《まっと》うする、というのが本当の意味である。だから悪党の手にかかるというのは、善人ではあるが愚かだということになる。

真に智慧のある善人の典型が、晏子や子産であります。彼等があの悪辣《あくらつ》な闘争・内乱の中に在って、終《つい》に身を完うすることが出来たのは、悪党の手に乗らなかったからである。そういうふうに本当に出来た善人は、へぼ詩人やへぼ小説家などの材料になるようなへまはやらぬものであります。

生じいほとけ心は却って悪を増長させる

そこで問題は、悪というものに如何に対するや、ということでありますが、人間の悪に対する態度、或いは在り方というものをつきつめると、凡そ五つの型がある。

第一、弱肉強食型。泣き寝入り型と言うても宜しい。強いものが弱いものを犠牲にしても仕方がない、弱いものは強いものの犠牲になっても仕方がない、長いものには巻かれろというわけで、あきらめて泣き寝入りしてしまう態度。これでは自然の世界、動物の世界と何の異なるところもないわけで、全くお話にならぬ意気地ない態度です。

第二、復讐型。殴られたら殴り返す、蹴られたら蹴り返す、という暴力的態度。これは野蛮で、人間としては確かに低級である。然し「一寸の虫にも五分の魂」

で、如何なる弱者と雖も人間である以上、気概もあれば、憎しみ・怨みもあるわけで、第一の意気地ない態度に較べると、まだ元気があると言うべきです。

第三、偽善型。蹴られても蹴り返すことの出来ぬ人間が、己が良心の呵責《かしゃく》やら、負け惜しみ、更には人前を恥じてこれを繕《つくろ》わんとするコンプレックスから、立派な理由をつけてその意気地なさをごまかそうとする。そこで彼等は先程の「犯されても校《むく》ゐず」、というような人間の至極の境地を表した語をよく引用するわけです。

例えばキリスト教で言うならば、「目を以て目に報《むく》ゐ、歯を以て歯に報ゐるは卑《いや》し」とか、「誰か汝の右の頰を打たば、これにめぐらすに左の頰を以てせよ」「汝の敵を愛せよ」等々。儒教にとれば『中庸』の「寛柔以て教へ無道に報ゐず」というような語。

そういう達人・達道の域を表す語を、その美しい実体を抜きにして借りて来る。そうして〝俺は弱いのではない、相手を憐《あわれ》んで、神の如く弱いのだ〟などとまるで文芸作品にでも出てくるようなことを言うて、他人ばかりか、そもそも自分自身をごまかしておる。これが人を誤り、世を乱《みだ》る。

ところが今日、そういう偽善者が多いから困るのです。やれ平和主義者だの、何とか評論家だの、宗教家だのと、たくさんおる。彼等は口を開くと、平和平和で、戦争はいけない、暴力はいけない、武力を捨てなければいけない、と言う。勿論平和を願わぬものはないけれども、然し世界の現実は彼等が考えるほど甘くはない。若し日本がそういうことを実行したらどうなるか。いかなる覇権《はけん》（力の支配）が及んで来るか。それを又彼等は、中共が一番恐れておるのは日本が強力な武装をすることであるから、日本がそれをやめれば、必ずおとなしくなるだろう、と言うのでありますが、これは卑怯な偽善者の寝言に過ぎない。

第四、宗教型。俗世間の一切を超越して、すべてを平等に慈愛の眼で視《み》るという態度。

これは人間として最も尊い在り方であるが、然し人間の中の極めて少ない勝《すぐ》れた人達にして初めて到達し得る境地であって、到底われわれ凡人に出来ることではない。

宮本武蔵と言えば、生涯を多くの武芸者《ぶげいしゃ》を相手に闘い抜いた、剣の達人でありますが、終に彼は剣の最高の境地は刀を使わぬところにあると悟って、とうとう丸腰になった。そこで初心者が刀を持たぬからといって武蔵に切りかかったらどうなるか。一撃の下に倒されてしまうに違いありません。又その丸腰に感心して、自分も丸腰になったら、たとい相手が百姓、町人でも恐らくやっつけられてしまうでしょう。それと同じことで、宗教的態度は最も尊いものではあるけれども、凡人には到底出来ないことである。となると最後に残るのが、神武型です。

第五、神武型。人間の道を重んずるが故に、悪をにくんで断固としてこれを封ずるという態度。

『論語』にも孔子が「惟だ仁者のみ能く人を好み、能く人を悪む」、ただ仁者だけが本当に人を愛することが出来、人を悪むことが出来る、と言うておりますが、人を悪むと言っても、人間を悪むのではない、その人間の行う悪をにくむのである。「武」も亦然り。その人間を憐んで、悪から解放してやるのである。それが武というものです。

だから武という字は、戈＝ほこを止＝とどむと書く。そうしてその人間が悪を悔いて改心する時には、心からすべてを赦《ゆる》してやる。これを「尚武《しょうぶ》」或いは「神武」と言う。

そういう武というものが古来われわれの悪に対する信念であって、その武がだんだん磨かれて「武士道」というものになった。この武の精神があったから、明治維新のような立派な人道的革命が出来たのでありまして、若しこれが中共やソ連であったならば、恐らく将軍慶喜《よしのぶ》を始めとして、諸大名の大半が殺されたに違いありません。

以上の五つが悪に対する態度・在り方でありますが、こういうことをはっきり心得ておれば、つまらぬ思想や議論に惑わされることもない。それこそ顔回のように「犯されても校《むく》ゐず」で、そういうものを相手にすることが馬鹿らしくなる。

(三)子貢

頭が良くて孔子門下一番の金持ち

孔子の弟子の中でも特色のある一人は、宰我《さいが》と共に「言語」――言論の代表として挙げられておる子貢《しこう》であります。

子貢は、姓は端木《たんぼく》、名は賜《し》と言い、子貢は字であります。なかなか理財にも長けておった。大体孔子の弟子は貧乏なのでありますが、子貢は例外で、金儲《かねもう》けもうまかった。今日で言うと、所謂相場の達人といった人で値段の上がり下がりをよく当てた。それで上がると思うと、物を大量に仕入れて、うまく操作して儲けたわけです。

然し彼は他の相場師と違って、儲けた金をよく使った。第一に師匠の孔子に貢《みつ》いだ。こういう弟子がおるといいですね。われわれは貧乏系統で、残念ながら子貢のような金儲けのうまい人がおりません。又、子貢はよく政治にも使った。そのために彼は当時の名士になった。要するに頭が良かったわけです。孔子もその頭の良いのを褒めておられる。

子貢曰、貧而無諂、富而無驕、何如。子曰、可也。未若貧而楽道、富而好禮者也。子貢曰、詩云、如切如磋、如琢如磨、其斯之謂與。子曰、賜也、始可與言詩已矣。告諸往知来者也。（學而）

子貢曰く、貧にして諂《へつら》うこと無く、富みて驕《おご》ること無きは、何如《いかん》。子曰く、可なり。未だ貧にして道を楽しみ、富みて礼を好むものに若《し》かざるなり。子貢曰く、詩に云ふ、切るが如く磋《さ》するが如く、琢《たく》するが如く磨するが如しとは、其れ之を謂ふか。子曰く、賜や、始めて与《とも》に詩を言ふべきのみ。諸《これ》に往《おう》を告げて来《らい》を知る者なり。

子貢が言った、「貧乏であっても人にへつらうことなく、金持ちであっても驕ることがないのは、いかがでしょうか（もうそれで立派な人と言えるでしょうか）」。孔子が言われた、「宜しい。然し、貧乏であっても道を楽しみ金持ちであっても礼を好む者には及ばない」。

そこで子貢が言った、「詩経に『玉を仕上げるのに、刃物で切り、やすりですり、更に椎《つち》やのみで手を入れ、磨きを入れるが如く、いよいよ修養に励んで立派にしてゆく』とあるのは、丁度今おっしゃったことを言うておるのですね」。「賜（子貢）よ、それでこそ共に詩を語ることが出来るというものだ。過去の経験を教えると、それに基づいてちゃんと未来を察知するのだから……」。

子貢という人は、過去のことを話すと、ちゃんと未来のことを察知する。だから相場の上がり下がりもよく当てた。

政治家的素質を持った人

それだけに子貢はなかなか政治家的素質があった。

季康子問、仲由可使従政也與。子曰、由也果、於従政乎何有。曰、賜也可使従政也與。曰、賜也達、於従政乎何有。曰、求也可使従政也與。曰、求也藝、於

従政乎何有。　　　　　　　　　　　　　　　　　（雍也）

季康子《きこうし》問ふ、仲由《ちゅうゆう》は政に従はしむべきか。子曰く、由や果、政に従ふに於てか何か有らん。曰く、賜は政に従はしむべきか。曰く、賜や達、政に従ふに於て何か有らん。曰く、求は政に従はしむべきか。曰く、求や芸、政に従ふに於てか何か有らん。

季康が訊ねた、「仲由（子路）は政治をとらせることが出来ますか」、孔子が言われた、「由は果断である。政治にたずさわっても、彼なら十分やれる」。「賜（子貢）は政治をとらせることが出来ますか」「賜は達、なかなか行届いた人物である。政治にたずさわっても、彼なら十分やれる」。「求（冉有）は政治をとらせることが出来ますか」「彼は才能がある。政治にたずさわっても彼なら十分やれる」。

孔子は、政治というものは別に難しいものではない、人間が出来ておりさえすればやれる、という考えを持っておられたことがわかります。

言うより前に先ず行え

然し子貢のような、頭がよくて、理財に長じたような人間は、得てして口が達者なものであります。子貢もその傾向があって、その点が少々孔子の気に入らない。孔子は、

「君子は言に訥《とつ》にして、行に敏ならんことを欲す。（『論語』里仁）」――（あまり口がまわると、どうしても佞になるから）言葉は訥がよい。然し実行・行動はきびきびと敏でなければならぬ――と言って、「訥言敏行」ということを強調されておる。

敏は今日で言うと、頭をフルに回転させるということです。

西洋の脳生理学者の研究によると、人体で一番勿体《もったい》ない遊休施設は脳であって、特に勉強する人は別だが、先ず普通の人間は与えられておる能力の一三パーセント位しか使っていない。つまり残りの八七パーセントは遊んでおるわけです。

ところが脳というものは使えば使うほど、又難しいことに取組めば取組むほど、ますます良くなって、遊ばせて置くと、駄目になってしまう。だから頭は、使い過ぎて悪くなるということは絶対にないわけで、悪くなるのは使わないからである。孔子はその敏ということを重んじて、特に実行、行動に於て敏でなければならぬと力説された。ところが子貢はどうも少し口が達者である。それを誡《いまし》められたのが次の一節であります。

子貢問君子。子曰、先行其言、而後従之。（爲政）

子貢、君子を問ふ。子曰く、先づ其の言を行ひ、而して後之に従ふ。

子貢が君子というものについて尋ねた。すると孔子はこう言われた、「先ず言わんとすることを実行して、その後で言うことだ」。

器と道

所謂成功者、名士というような人は他を批評するのが好きでありまして、子貢も人物評をよくやった。これも孔子から誡《いまし》められておる。

子貢問曰、賜也何如。子曰、女器也。曰、何器也、曰、瑚璉也。（公冶長）

子貢問うて曰く、賜や何如《いかん》。子曰く、女《なんじ》は器なり。曰く、何の器ぞや。曰く、瑚璉《これん》なり。

子貢がこう言って訊ねた、「賜、つまり私などはどうでしょうか」「お前は器《うつわ》だ」「何の器ですか」「国家の大事な祭祀《さいし》に用いる立派な器だ（国家の大事な仕事に従事させることの出来る立派な人物だとの意）」。

他人の批評をするくらいであるから、自分のことも気になるわけです。本文はちょっと読むと、大層褒められておるように思う。が、同時にこれは、未だ至らざることに対して戒めておられるのである。

「道・器の論」というて、宋代の儒学者が盛んに論じておることでありますが、器というものは用途によって限定されておる。瑚璉であろうが、茶碗であろうが、又それが如何に立派であろうが、便利であろうが、器はどこまでも器であって、無限ではない、自由ではない。

これに対して道というものは、無限性、自由性を持っておる。従って道に達した人は、何に使うという限定がない、誠に自由自在で、何でも出来る。こういう人を道人と言う。そういう意味において本文は、子貢は立派な器ではあるがまだ道に達しておらぬ、ということを孔子が言うておるわけであります。

過ぎたるは及ばざるがごとし

子貢問、師與商也孰賢乎。子曰、師也過、商也不及。曰、然則師愈與。子曰、過猶不及也。（先進）

子貢問ふ、師と商は孰《いづれ》か賢《まさ》れる。子曰く、師や過ぎたり、商や及ばず。曰く、然らば則ち師は愈《まさ》れるか。子曰く、過ぎたるは猶及ばざるがごとし。

師は子張、商は子夏のこと。子張は子貢と同様社会活動型の人物であり、子夏は学者肌の人物です。殊に子夏は長生きして、孔子の教えを弘《ひろ》めるのに大層役立った人であります。

子貢が訊ねた、「師と商とではどちらが勝《まさ》っておるでしょうか」。「師は行き過ぎておる、商は及ばない」。「それでは師の方が勝っておるのでしょうか」。「過ぎたのは及ばないのと同じことである」。

実に面白い、又味わいのある言葉であります。そしてここにははっきりと書かれてはおりませんが、どちらかと言うと、過ぎたるよりは及ばざる方がよい、という意味が言外にあるわけです。

確かにその通りで、政治にしても現実に過不及を免れ得ないとすれば、不及の方が過ぎたるよりは、はるかによい。われわれの肉体、生理で言うても、弱アルカリの状態が一番よいわけで、酸が過ぎると、アチドージス（酸性中毒症）という病的状態に陥る。家庭に於ても同じことで、亭主関白というのはあまりよくない。と言って嬶《かかあ》天下になってはいけないが、亭主が一応女房の尻に敷かれておるのがよい。人間の心理というものは面白いものであります。

好んで他を批評するも己の程を知る

然し子貢は何でもよく出来る人でありますから、凡眼《ぼんがん》、俗人にもよくわかる。それで民衆の中には、孔子よりも子貢の方が偉いと思っておる者が随分おったらしい。その一例が次の一節です。

陳子禽謂子貢曰、子爲恭也。仲尼豈賢於子乎。子貢曰、君子一言以爲知、一言以爲不知。言不可不愼也。夫子之不可及也、猶天之不可階而升也。夫子（之）得邦家者、所謂立之斯立、道之斯行、綏之斯来、動之斯和。其生也栄、其死也

哀。如之何可及也。　（子張）

陳子禽《ちんしきん》、子貢に謂ひて曰く、子は恭を為すなり。仲尼豈《あ》に子《し》より賢《まさ》らんや。子貢曰く、君子は一言以て知と為し、一言以て不知と為す。言《げん》慎まざる可からざるなり。

夫子《ふうし》の及ぶ可からざるや、猶天の階して升《のぼ》る可からざるごときなり。夫子にして（之）邦家を得ば、所謂之を立つれば斯《ここ》に立ち、之を道《みちび》けば斯に行き、之を綏《やすん》ずれば斯に来り、之を動かせば斯に和す。其の生きるや栄え、其の死するや哀《かな》しむ。之を如何ぞ其れ及ぶ可けんや。

陳子禽が子貢に向かって、「あなたは謙遜しておられる。仲尼（孔子）がどうしてあなたより勝れておりましょうか」と言ったところが、子貢はこう答えた。「君子というものは、一言で知者とも為し、一言で不知者とも為すから、言葉は慎重でなければいけない。

先生が自分にとって及びもつかぬのは、丁度天がはしごをかけても上れないのと同じことである。若し先生が国の政治をとることになれば、古の所謂『民の生計を立たしむれば速やかに立ち、これを導けば言われるままに随《したが》い、これを安んずれば四方より来たり服し、これを激励すればみな従いて共に和する』で、生きておる時は栄え、死しては人々から悲しまれる。こういう先生にどうしても私ごとき者が及ぶことが出来ようか」。

これをみると、子貢という人は単に人を較べるのが好きなだけではなく、やはり見るべきものはちゃんと見ておったということがわかります。

(四)宰我　孔子に見限られた気の毒な立場

ついでに子貢と並んで「言語」の代表に挙げられておる宰我《さいが》をちょっとのぞいてみようと思います。この人は運が悪いと言うのか、『論語』の中では一番貧乏くじを引いておる人であります。

宰子晝寝。子曰、朽木不可雕也。糞土之牆、不可杇也。於予與何誅。子曰、始吾於人也、聴其言而信其行。今吾於人也、聴其言而觀其行。於予與改是。

宰子、昼寝ぬ。子曰く、朽木《きゆうぼく》は雕《ほ》る可からず。糞土《ふんど》の牆《しよう》は杇《ぬ》る可からず。予に於てか何ぞ誅《せ》めん。子曰く、始め吾《われ》人に於けるや、其の言を聴きて其の行を信ず。今吾人に於けるや、其の言を聴きて其の行を観る。予に於てか是を改む。

（公冶長）

宰予（宰我のこと。予は名、字は子我と言う）が昼間から寝ておった。孔子が言われた、「朽ちた木は彫刻の材料にはならない。汚穢《おわい》糞土の土塀は上塗りが出来ない」。又こうも言われた、「最初私が人に対するのに、言葉を聞いただけで行為まで信用した。然し今は人に対するのに、言葉を聞き更に行為まで観察する。宰予のことがあってから改めたのである」。

宰我もえらく孔子から見限られたものでありますが、本文に対しては昔からいろいろ議論がなされておる。ちょっと昼寝したくらいで何故これほどまで孔子が言われるのかというものもあれば、いや、そうではない、昼も夜もきまりなく寝たからだというものもある。中には、女を連れて寝たからだ、とまあ今日の週刊誌等におあつら誂《あつら》え向きの解釈をするものまである。

然し兎にも角にも四科十哲の一人に挙げられておるほどの人物でありますから、ただこれだけの人物であるとは到底思われない。又その彼が『孟子』「公孫丑《こうそんちゅう》」にも書いてありますように、「自分が見るところでは、夫子は堯舜よりもはるかに勝っておる」と言うて、心から孔子に服しておるのでありまして、そういうところから考えても、良いところがたくさんあったに違いない。ところが良いところがわからなくなってしまって、悪いところだけが残っておる。まことに気の毒な話であります。

（五）曾参

日に吾が身を三省す

顔回と並んでもう一人、逸することの出来ない大事な人は曾参（そうしん。或いはそうさんとも読むが、考証家の多くはそうしんを採る）です。これは又顔回を別仕立てにしたような、それだけに多分に顔回と相通ずるところのある人物です。

しかし曾参は顔回と違って、弟子の中でも最年少で、孔子より四十六歳も若く、然も幸いにして長生きして七十過ぎまで生きたので、孔子の道を後世に伝えるのに大いに貢献した。曾参は、曾は姓で、参は名、字を子與《しよ》と言い、『孝経』は彼の弟子が師と孔子との問答を録したものと伝えられている。

曾子曰、吾日三省吾身。為人謀而不忠乎。與朋友交（言）而不信乎。傳不習乎。（學而）

曾子曰く、吾《われ》日に吾が身を三省す。人の為に謀りて忠ならざるか。朋友と交はりて（言うて）信ならざるか。伝へて習はざるか（習はざるを伝ふるか）。

曾子言う、「自分は日に何度もわが身を反省する。人のために考え計って努力出来なかったのではないか。友達と交わって誠実でなかったのではないか。（師より）伝えられてよくこれを習熟しなかったのではないか（或いは、よく習熟せぬことを人に伝えたのではないか）」。

三省の三は、数を表す三ではなくて、たびたびという意味です。

「伝不習乎」は『伝習録』などは「伝へて習はざるか」の方を採っておる。「省」ということは本当に大事なことでありまして、人間、万事「省」の一字に尽きると言うて宜しい。「省」は、かえりみると同時に、はぶくと読む。かえりみることによって、よけいなもの、道理に合わぬものがはっきりわかって、よくこれをはぶくことが出来るからである。

人間はこれ（省）あるによって、生理的にも、精神的にも、初めて生き、且つ進むことが出来る。政治も亦然り。民衆の生活を自然のままにまかせておくと、混乱してどうにもならなくなってしまう。そこで民衆に代わって彼等の理性・良心となって、つまらぬものをかえりみてはぶいてやる。これが政治というものです。

だから昔から役所の下に、文部省、司法省という風に「省」の字がついてある。ところが後世になって役人が増え、仕事が増えるに従って、かえりみてはぶくことを忘れ、「省」が「冗」「擾《じょう》」になるものだから、革命というようなものが起こって、かえりみてはぶくどころか、すべてを抹殺してしまう悲劇を招く。

兎に角「省」という字は大いに意味があって、いろいろ解説してゆけば、この一字だけで大冊の論文が出来る。

曾参という人は、その「省」を徹底して実践した人でありまして、この点だけを見ても、如何に立派な人であったか、ということがよくわかります。だから『論語』に出て来る門人の中で、曾参だけは必ず下に子をつけて、曾子と呼ばれておる。外に有子、冉子《ぜんし》、閔子《びんし》も子がついておるが、この三人は時には字などでも呼ばれておる。

ついでながら有子というのは有若《ゆうじゃく》のことである。この人も亦《また》立派な人で、人格、言行共に孔子に生き写しであった。それで孔子が亡くなられた後、弟子達は有若を孔子の身代わりに仕立てて仕え、又それで通ったというぐらい出来た人であります。

父曾晳の人柄、この親にしてこの子あり

さて、曾参と言えば、曾参のお父さんの曾晳《そうせき》も立派な人であった。洒脱《しゃだつ》で癇癖《かんぺき》の強いところがあったが、なかなか達人的風格の人であります。

子路、曾晳、冉有、公西華侍坐。子曰、以吾一日長乎爾、無吾以也。居則曰、不吾知也。如或知爾則何以哉。

子路率爾而對曰、千乗之國、攝乎大國之間、加之以師旅、因之以飢饉、由也為之、比及三年、可使有勇且知方也。

夫子哂之。求爾何如。對曰、方六七十、如五六十、求也為之、比及三年、可使足民（也）、如其禮楽、以俟君子。

赤爾何如。對曰、非曰能之（也）、願學焉。宗廟之事、如會同、端章甫、願為

小相焉。

點爾何如。鼓瑟希、鏗爾舍瑟而作、對曰、異乎三子者之撰。曰、何傷乎、亦各言其志也。曰、莫春者春服既成、(得)冠者五六人、童子六七人、浴乎沂、風乎舞雩、詠而歸。夫子喟然歎曰、吾與點也。

三子者出。曾皙後。曾皙曰、夫三子者之言何如。子曰、亦各言其志也已矣。曰、夫子何哂由也。(子)曰、為國以禮、其言不讓、是故哂之、唯求則非邦也與、安見方六七十、如五六十而非邦也者、唯赤則非邦也與、宗廟(之事如)会同非諸侯而何。赤也為之小、孰能為之大(相)。　(先進)

子路、曾皙、冉有《ぜんゆう》、公西華、侍坐《じざ》す。子曰く、吾《われ》一日爾《なんじ》に長ぜるを以て、吾を以てすること無かれ。居れば則ち曰く、吾を知らずと。如《も》し或は爾を知らば(知るあらば)、則ち何を以てせんや。

子路率爾《そつじ》として対へて曰く、千乗の国、大国の間に摂して、之に加ふるに師旅を以てし、之に因るに飢饉を以てす。由《ゆう》や之を為《おさ》め、三年に及ぶ比《ころ》に、勇有りて且つ方を知らしむべきなり。

夫子之を哂《わら》ふ。求《きゆう》や、爾は何如。対へて曰く、方の六七十、如《も》しくは五六

十、求や之を為《おさ》め、三年に及ぶ比《ころ》に、民を足らしむべきなり。其の礼楽の如きは、以て君子を俟《ま》たん。

赤《せき》や、爾は何如。対へて曰く、之を能くすと曰ふには非ず。願はくば学ばん。宗廟の事、もしくは会同に、端章甫《たんしょうほ》して（礼装して）願はくば小相《しょうしょう》為《た》らん。

点《てん》や、爾は何如。瑟《しつ》を鼓すること希《や》み、鏗爾《こうじ》として瑟を舍《お》きて作《た》ち、対へて曰く、三子者の撰に異なる。子曰く、何ぞ傷《いた》まん。亦各々其の志を言ふなり。曰く、暮春には春服既に成る。冠者五六人、童子六七人、沂《き》に浴し、舞雩《ぶう》に風し、詠じて帰らん。夫子喟然《きぜん》として歎じて曰く、吾は点に与《くみ》せん。

三子者出づ。曾皙後《おく》る。曾皙曰く、夫《か》の三子者の言は如何。子曰く、亦各々其の志の言ふのみ。曰く、夫子何ぞ由を哂ふ。曰く、国を為《おさ》むるには礼を以てす。其の言譲らず。是の故に之を哂ふ。唯《い》、求は則ち邦に非ざるか。安んぞ方六七十、如《も》しくは五六十にして邦に非ざる者を見ん。唯、赤は則ち邦に非ざるか。宗廟会同は諸侯に非ずして何ぞ。赤や之が小相たらば、孰《たれ》か能く之が大たらん。

子路、曾晳、冉有、公西華の四人の弟子が孔子の側に侍っておった。孔子が言われた、「わたしがお前達よりわずか年長であるからといって、遠慮することはない。

お前達は常日頃、自分を知ってくれないと言うておるが、若し誰かがお前達を知ってくれたら、一体何を以てこれに応えるか」。すると、

子路がやにわにこう言った、「兵車千台を出す国が大国の間にはさまれ、加うるに戦争が起こって、更に飢饉が重なるという時に、由——この私がその国を治むれば、三年もたつ頃には、その民をして勇気あり、且つ道を知らしめることが出来ます」。孔子はこの言葉を聞いて笑われた。

「求や、お前はどうだ」「六、七十里か五、六十里四方の小さな国をこの私が治むれば、三年もすれば民を富ましめることが出来ます。然し礼楽のことは（自分には出来ないから）立派な君子にまかせます」。

「赤（公西華）や、お前はどうだ」「はい、私はよく為し得るというのではなくて、学びたいのです。宗廟の祭祀の事や、諸侯の会合などには、玄端黒色の礼服、章甫の礼冠を著《つ》けて、いささかの助け役になりたいのです」。

「点（曾晳）や、お前はどうだ」。今まで低く弾《ひ》いておった瑟を止め、からりと置いて起き上って答えて言った。「私は三者の言われたような立派なのと違います」「いや、何でもかまわぬ。それぞれの志を述べただけのことだ」「もう春も終わりの頃、すでに春着も出来ています。それを着て、元服（成人式）の済んだ若者五、六人、

童子六、七人を連れて沂水《きすい》のほとりで浴し、雨乞いをする高台で涼風に当たって、詩を吟じながら家に帰って来る（これが私の平生願うところです）」。これを聞いて孔子は如何にも感に堪えぬといった様子で言われた、「わたしは点に賛成する」。

（※浴は沿う、風は到るとする説もある）

三人が退出して、曾晳が後に残った。曾晳言う、「かの三人の言うところは如何ですか」。孔子が言われた。「亦各々の志を言うただけだ」「それでは先生は何故由の言うことを笑われるのですか」「国を治めるには礼を以てすべきであるのに、その言葉は謙譲なところがなくて礼を失しておる。そのために笑ったのである。求の場合も邦ではないか。どうして六、七十里乃至五、六十里四方もあって、邦でないものがあろうか。赤の場合もやはり邦ではないのか。宗廟や会合が諸侯の事でなくて何であろうか。赤がいささかの助役になるというのならば、誰が大役になることが出来ようか」。

曾参のお父さんの人柄がよくわかる。『論語』の中でも少し調子の変わった、面白い一文であります。

あたかも魯なるが如し

さて、曾参でありますが、曾参も顔回と同様、ちょっと見ると、愚なるが如くであった。

柴也愚、参也魯、師也辟、由也喭。（先進）

柴《さい》や愚、参や魯、師や辟《へき》、由や喭《がん》。

孔子が言われた、「柴（子羔《しこう》）は馬鹿正直、参（曾参）は血のめぐりが悪い、師（子張）は偏《かたよ》って中正を欠く、由（子路）は口やかましくて粗暴である」。愚も魯もまことに味のある語で、実のところ訳しようがない、所謂以心伝心で会得する外はない。曾参というのはそういう人であるから、性格が内省的で、節度があったのは当然であるが、反面又非常に直覚の勝れた人でもあった。

夫子の道

子曰、参乎、吾道一以貫之哉。曾子曰、唯。子出。門人問曰、何謂也。曾子曰、夫子之道、忠恕而已矣。

（里仁）

子曰く、参や、吾が道は一《いっ》以て之を貫《つらぬ》く（或いはおこなう）。曾子曰く、「唯《い》」。子出づ。門人問ふて曰く、何の謂ぞや。曾子曰く、夫子の道は忠恕のみ。

孔子が言われた、「参や、吾が道は一以て貫いておる（一以て之をおこなう）」。（※貫は、つらぬくと同時に、貫行という熟語があるように、おこなうの意がある）

曾子言う、「はい」。孔子が退出された後、門人が曾子に訊いた、「どういう意味ですか」。「先生の道は忠恕——造化の心そのままに理想に向かって限り無く進歩向上してゆくだけである」。

ありそうなことですね。まるで禅問答のようで、他の門人にはさっぱりわけがわからない。忠恕の「忠」とは文字通り中する心で、限り無く進歩向上する心が忠である。近頃の流行思想に関連して言えば、弁証法的《べんしょうほう》進歩、つまり相対立するものを統一し止揚《しよう》（高める）して、限り無く進歩向上してゆくことである。

同様に「恕」は、心と如――恕の旁《つくり》は口（くち）ではなくて領域・世界を表す口で、女の領域・女の世界、転じて天地・自然・造化を意味する。――造化そのままに進んでゆくことである。ゆくでわからなければ、来るでもよい。則ち如来である。何故女の世界が天地・自然・造化であるか。最も簡単明瞭に言えば、造化が万物を生むが如く、女は子を生み育てる。その点は男は女にかなわない。如何に英雄、豪傑と雖も、子を生むことは出来ないが、女はどんな人でも子だけは生む。一休和尚が、

女をば法《のり》のみくら（御座）といふぞげに
釈迦も達磨もひょいひょいと出る

という名高い歌を詠んでおりますが、確かに女は造化そのものであります。然も造化は大きな愛、大きな慈悲を以てすべてを包容してゆく。そこで恕をゆるすとも読む。これを要するに、理想に向かって限り無く進む方を「忠」、包容してゆく方を「恕」で表し、結んで「忠恕」と言うておるわけであります。

千万人と雖も吾れ往かん

曾参は魯なりと雖も、その勝れた直覚で孔子の道はちゃんと受取っておった。同時にこの人は特に気節のあった人であります。

それは『孟子』「公孫丑《こうそんちゅう》上」に曾子の言葉として、「子・勇を好むか。吾嘗て大勇を夫子に聞けり。自ら反《かえり》みて縮《なお》からずんば、褐寛博《かつかんぱく》（粗毛の布や、だぶだぶの着物で、共に身分の卑しい者の著る衣服、転じて賤者の意）と雖も、吾惴《おそ》れざらんや。自ら反みて縮くんば、千万人と雖も吾れ往かん」と言うてあるのをみてもよくわかります。

又曾参という人は大層親孝行であったということで有名であります。「孔子や曾子の家の子は、人を罵ったり、忿《いか》ったりすることを知らない。それは生来よく教えられておるからである」、と伝えられておりますが、さもあろうと思われる。

『論語』は曾参の弟子が主体になってつくられた、という説が多いのでありますが、いずれにしても孔子の道を弘める上に、曾参の力が大きかったことは事実であります。まだご紹介したい弟子が幾人かありますけれども、一を聞いて十を知るということで、又の機縁に譲ることに致します。

日本と儒教

日本民族には創造力がないか

今日は孔徳成先生（孔子の末裔、七十七代）の歓迎大講演会が開かれ、先生のお話を伺いますので、私はその前座のほんのご挨拶程度に致したいと思います。

たまたま「日本と儒教」というような題を掲げてありますけれども、これは大問題でありまして、到底ご挨拶程度のわずかな時間でお話の出来ることではありません。しかしこの問題についてはもう皆さんに、今日まで長い間に亙《わた》って申上げ、お聞き願ったことでありまして、今更お話する必要はないのでありますが、ただみなさんのご記憶を新たにするという意味において、時間の許す範囲で聊《いささ》かお話をしようと存じます。

申すまでもなく日本は古来、儒教、ついで仏教と、この二教を最も取入れて参りました。それで明治以後、特に大正になりましてより、西洋万能の思想・風潮が盛んになるにつれて、日本には独自の、独特の文化がない、皆輸入品である、借り物である、というような考え方・議論が盛んに横行するようになりました。つまり儒教も仏教も、みな輸入品であって、日本民族は文化的に独創力・創造力がない、というのがその主張であります。しかしこれは大きな間違いでありまして、これも先哲講座でかなり詳しくお話した筈《はず》であります。

陶鋳力の権化――惟神道

ご承知のように日本には、「惟神道《かんながらのみち》」――というものがありまして、実はこの惟神道ぐらい偉大なクリエイターと言うか、クリエイティブな力に富んだ、創造力を持ったものはないのであります。それは世上理解しておるような単なる、個性とか、特色とか、いうようなものではない。そういうものをはるかに超越した、正に天の虚《むな》しきが如く広大な、包容力・陶鋳力《とうちゅうりょく》を持った、それこそ創造力の権化《ごんげ》ともいうべきものであります。

これあるによって、儒教も、仏教も、また明治になってからキリスト教、近代西洋文明も、すべて取入れられて、再創造されて参ったのであります。ところが、このことのわかる人が案外に少ない。殊に専門家とか、評論家、というような人にわからぬ人が多いのであります。

卑近な話を致しますと、飲食物を一つ例にとってみてもよくわかります。飲食物というものは、民族によって国によって、それぞれ癖というか、特色がありまして、就中《なかんずく》個性の強いヨーロッパの諸民族などはそれが甚《はなは》だしくて、なかなか他国の物・異民族の物は喜ばない。ところが、日本人はその点になると、全く自由自在、西洋料理であろうが、中国料理であろうが、お好み次第であります。酒も、ウイスキーは申すに及ばず、ブランデーもウオッカも、紹興酒も、何でも飲む。然《しか》もただ飲食が出来るというのではない、実際にうまい、好んで飲食する。外国人が日本にやって来ても、味噌汁だの、サシミだの、或いは香の物でお茶漬、というようなものは到底自由に摂《と》ることが出来ない。況《いわん》や好んで食うなどということは先《ま》ずあり得ない。日本人の食物に対する陶鋳力というものは大したものであります。

こういうことが文化の面においても自由に行われて、儒教も仏教も、基督教（キリスト教）も、何でも取入れることが出来たわけです。それは単なる真似とか、好みとか、いうようなものではなくて、一つの大きな創造力――クリエイティブ・パワーでありまして、これあるによって日本は、こうして存続し、繁栄して参ったのであります。

民衆の生活に深く滲み込んだ儒教

中でも日本に最も大きい影響、というよりは、栄養になりましたのは、第一に儒教、その次に仏教であります。この二教が日本にどれだけ滲透《しんとう》しておるかという事は、日本人が日常何気なく使っておる言葉や文章等を注意して調べてみると、よくわかるのでありますが、何でもない一般の民衆が、もう本当に驚くべき専門用語を平気で使っております。しかもよくこなされておる。今日の言葉で言うと、マスターされておる。

例えば「元気」という語。〝おい、元気かい〟などと誰もが言うのでありますが、もともと元気とは、易の根本思想を表す重要な専門用語で、『易経』——乾《けん》の卦——から出ておるのであります。民衆はそういう難しいことは知らないで、平気で使っておる。

「挨拶」という語にしても、意味も文字そのものも難しいけれども、みな使っておる。また、人間とはなんぞや、人格とは何ぞや、というようなことを論じたりする時に、骨力だの気節だの節操だの、見識だの、器量・器度・器識だの、或いは風格・風韻《ふういん》だの、と難しい言葉がいとも簡単に使われる。これはまことに驚くべきことであると同時に、仏教の影響もさることながら、儒教の日本人に及ぼした影響が如何《いか》に大きなものであるか、ということが今更のように認識させられるのであります。

文字が乱れるとすべてが乱れる――経世済民

また従って、その一番の根本である文字（昔は漢字と言いました）が、どれだけ日本人の精神・思想・文化を培養したか、本当に量《はか》り知れないものがあります。

その意味において、われわれは文字を大事にしなければならぬのでありますが、戦後それを誤って、文部省自らの浅はかな考えによって、一時滅茶苦茶に致しました。漸《よう》くこの頃になって、その非を悟り、旧に戻しつつあることは、当然の事乍《なが》ら喜ばしい限りであります。文字を大事にすることは、即ち言葉や文章を大事にすることであり、精神・行動を大事にすることに外ならない。従って文字が乱れると、すべてが乱れて参ります。

その好い例が経済です。これは儒教の「経世済民」をつづめたものでありますが、戦後、日本人はその真義を忘れて、全く私事に解し、経済万能でやって来ました。その結果、ご承知のようにふとしたきっかけから、今日のような混乱に陥っておるわけです。間違ったという点では学校にも責任があります。

私共が学校におりました時分は、経済はポリティカル・エコノミーと言ったのでありますが、戦後、それがいつの間にか、ポリティカルを落として、単なるエコノミックスになってしまった。然し今日は政治を離れて経済というものは到底考えられないのであります。それも世界政治の影響を受ける。アラブの政治家達がちょっと石油の価格をひとひねりするだけで、日本経済は大恐慌に陥るのです。そこでこの頃ではまた、ポリティカル・エコノミーということが言われるようになりました。いずれにしても経済というものは、ただ金を儲けるということだけでなくて、儒教の語の通り経世済民でなければならないのであります。

本富・末富・姦富

儒教を学ぶ人間で読まざるものがない書物の一つに、『史記』があります。その史記の貨殖《かしょく》伝をみると、富というものを「本富・末富・姦富《かんぷ》」の三つに分けて、富はどこまでも本富でなければならぬと説いておる。

戦後、日本人はその本富を忘れて、ひたすら末富を追った。それが難しくなると、今度は悪智慧を働かせて、姦富をほしいままにするようになった。その姦・末の祟《たた》りが今日の経済の窮迫・混乱になったわけでありまして、儒教の上から言えば、われわれは何千年来指摘されて来たことであります。

しかし別に史記の文章を待つまでもなく、「富」の文字がちゃんとそれを教えておる。富という字は宀（うかんむり・家）に、畐の字が書いてある。畐は収穫物・収益を積み重ねた意味であります。古代人は農耕と狩猟が主でありますから、下に田（田地・狩り場の意）を書いてある。

また畐に示扁をつけると、即ち神に供えると、初めて「福」＝ふくになる。逆に神を無視して、人間が貪《むさぼ》ると、亻偏に畐＝「偪」、せまる・しのぐ・たおれるという字になる。人間が欲望のままに収穫・所得を貪り追っかけると、最後は今日の日本のようにひっくり返るということです。

或いは収益等にのみ偏って一所懸命になると、畐に辶（しんにょう）がかかって「逼」、せまる・あたふたする・がつがつする、という字になる。むやみに収益ばかり考えると、田を二つ重ねて、その間にしきりを入れ、亻偏をつけると「僵」、これもたおれるという字です。つまり土地の買い占めをやったり、GNPがいくらになったなどと言ってがつがつやっておると、結果はどうなるかということをこの字は表わしておるわけです。

今日の混乱を救う道は民族の精神・文化の伝統に返ることである

こういう風に文字から始めて、文章、更にはその学問・思想、と少しく調べて参りますと、修身・斉家《せいか》・治国・平天下を旨とする儒教というものは、本当に怖いくらい人間の真実、真理を教えている。

その儒教が仏教等と相待《あいま》って、日本精神・日本文化の最も古くからの伝統を為《な》しておるのでありまして、またそれを学ぶのが学問の本筋というものであります。

この本筋に返ることによって、日本は起《た》ち直ることが出来る、建て直すことも出来る。人間というものは、自らが痛い目に遇《あ》って、初めて真実がわかる。そうして本《もと》に返ることが出来るのです。従って今日のこの窮迫と混乱を活用し善用すれば、日本は必ず復興する。これが所謂《いわゆる》活学というものであります。

今、中共は幾千年来の折角《せっかく》の立派な道統を無視して、とんでもない暴挙を行っておるのでありますが、そういう時に、昔から教学、就中《なかんずく》儒教の盛んであった浪速の地に、みなさんの力によって立派な論語堂が建てられ、儒教を初め、東洋の教学が講ぜられるということは、本当に慶賀すべきことだと思います。そうしてその開堂式に当たって、特に孔夫子第七十七代の孔徳成先生にお越しを頂き、お話を伺い得ますことは、本当に意義のある、また嬉しい有難いことであります。

この作品は、関西師友協会より一九七二年（昭和四十七年）一月に刊行された『活学　第二編』と、一九八二年（昭和五十七年）三月に刊行された『活学　第三編』から、講話四篇を収録したものです。

なお、編集に際しては、旧字・俗字や文意の汲みにくい箇所を若干修正するに留め、現代の言いまわしにそぐわないと思われる用語・表現が出てくる箇所もありますが、講話当時の時代背景に鑑み、ほとんどそのまま表記しています。

著者紹介
安岡正篤（やすおか　まさひろ）
明治31年、大阪府に生まれる。東京大学法学部卒業。「東洋思想研究所」「金雞学院」「国維会」「日本農士学校」「篤農協会」等を設立。また戦後は「全国師友協会」「新日本協議会」等をつくり、政財界の精神的支柱となる。全国師友協会会長、松下政経塾相談役を歴任。昭和58年12月逝去。
著書に『朝の論語』（明徳出版社）、『運命を開く』（プレジデント社）、『人物を修める』（竹井出版）など多数がある。

PHP文庫　論語に学ぶ

2002年10月15日　第1版第1刷
2007年4月30日　第1版第4刷

著　者　安　岡　正　篤
発行者　江　口　克　彦
発行所　ＰＨＰ研究所
東京本部　〒102-8331　千代田区三番町3番地10
文庫出版部　☎03-3239-6259
普及一部　☎03-3239-6233
京都本部　〒601-8411　京都市南区西九条北ノ内町11
PHP INTERFACE　http://www.php.co.jp/
制作協力
組　版　PHPエディターズ・グループ
印刷所
製本所　凸版印刷株式会社

ISBN4-569-57813-6